HISTOIRE

DE CHABLIS.

SENS. — IMPRIMERIE DE CH. DUCHEMIN.

HISTOIRE
DE CHABLIS

CONTENANT

DES DOCUMENTS INÉDITS

SUR LES ANNALES DU DÉPARTEMENT DE L'YONNE DEPUIS LE XIe SIÈCLE JUSQU'A NOS JOURS,

ET D'INTÉRESSANTS ÉPISODES

DE L'INSTITUTION DES COMMUNES ET DE LA RÉVOLUTION FRANÇAISE,

PAR JULES DUBAND.

SENS,

IMPRIMERIE LIBRAIRIE DE CH. DUCHEMIN,
Rue Royale, 42.

—

1852.

PRÉFACE DÉDICATOIRE.

A LA COMMUNE DE CHABLIS.

> Je rends *à mon pays* ce qu'il m'a prêté;
> j'ai emprunté de lui la matière de cet ouvrage,
> il est juste que, l'ayant achevé avec toute l'attention pour la vérité dont je suis capable et
> qu'il mérite de moi, je lui en fasse la restitution.
>
> LA BRUYÈRE.

I.

Terreur des uns, espoir des autres, gros de tempêtes et de cataclysmes politiques, compris d'un bien petit nombre, un grand mot a été lancé dans l'avenir, en 1789. Décentralisation ! a dit la Liberté, lorsque, traversant l'Atlantique d'un pas gigantesque, elle heurta le sol de France de son pied fécond, et fit tressaillir la vieille Europe engourdie dans le servage. Décentralisation! ont répété les hommes d'État, les philosophes, les publicistes, tous les littérateurs qui n'écrivaient pas encore avec une plume d'argent, qui ne battaient pas monnaie sur leurs consciences. — Et ce mot, qui eut d'immenses échos parmi le peuple, brisa tous les ressorts de la machine qu'on appelait le gouvernement absolu, ressorts inventés par Louis XI, ajustés par François 1er, mis en mouvement par Henri IV, usés par Louis XIV, et rongés par la rouille sous le règne de Louis XV. De cette catastrophe surgit une puissance nouvelle, à peine soupçonnée par l'aristocratie, je veux dire le pouvoir du peuple, de cette masse informe, déguenillée, hurlante, mer bourbeuse et agitée que les Xerxès de la cour avaient fouettée avec trop de fureur toutes les fois qu'ils l'avaient entendue gronder jusque dans ses bas-fonds, ou qu'ils l'avaient vue rouler, menaçante, ses vagues fangeuses, sur le pavé du roi. Le jour où la nation partagea avec le prince les pouvoirs centralisés dans sa main royale, l'unité monarchique tomba, sapée par la base; dans sa chute, elle entraîna l'unité administrative des anciennes provinces et des grands services de l'État. Bientôt, les révolutions dans le monde politique, physique et matériel, eurent un contre-coup dans l'ordre intelligent et moral. En peu de temps, l'esprit public en France grandit de plusieurs siècles, et plana le plus haut sur le continent. Il s'en suivit des secousses vraiment effrayantes dans les sphères littéraires, et surtout un changement complet dans la manière une et uniforme d'écrire l'histoire.

II.

Sur les débris des vieilles institutions et des préjugés, des hommes de talent et de génie avaient salué l'ère nouvelle et l'horizon nuageux où, au milieu des orages, se levait un soleil nouveau, le soleil du peuple. Ils avaient demandé aux siècles abîmés la généalogie de ce tiers-état grandi par la victoire, et ils avaient appris que depuis bien longtemps il figurait sur la scène des âges. Aussi, dès que leurs yeux furent dessillés, dès qu'ils ne se sentirent plus éblouis par l'astre couchant de l'absolutisme, ces mêmes génies, sous l'égide de la loi, n'écrivirent plus, comme autrefois, l'histoire des rois, mais l'histoire des peuples et de leurs gouvernements. Chaque savant examina, avec une attention et une impartialité scrupuleuses, la plupart des faits dont jusqu'alors on avait attribué les causes et les conséquences à la seule royauté, et l'on reconnut que, partout, les annales des nations avaient au moins d'aussi belles pages que celles des souverains. Souvent même, on passa légèrement sur les faits et gestes des rois, pour sonder plus profondément la vie passée des sujets, pour démontrer avec évidence que la multitude n'avait pas toujours eu en partage l'obéissance et la misère, et qu'à elle appartenaient aussi la puissance et la gloire, la grandeur et le courage. Cruel démenti jeté comme un gant de fer rougi à la face des Dangeau de la monarchie, vils courtisans qui hâtèrent sa chute en flattant ses abus et son orgueil.

III.

A qui devons-nous cette révolution totale dans la manière de comprendre et d'écrire l'histoire ? A la fameuse brochure de Sièyes, aux Chateaubriand, aux Sismondi, aux deux Thierry, aux Lacretelle, aux de Barante, aux Guizot, aux Thiers, aux Lamartine. A quelque école politique qu'ils appartinssent, la plupart des historiens de second ordre ont imité ces grands maîtres, et l'histoire s'est complètement décentralisée : elle n'a plus tout rapporté à un seul, elle a fait la part de chacun. L'opinion publique apprécie encore.....

IV.

Autrefois, la France se résumait en un château et

une grande cité. Dès qu'on avait quitté Paris ou Versailles, on paraissait entrer sur le territoire étranger. La cour et la ville : les hommes d'élite, la haute noblesse, les adorateurs de la majesté royale ne connaissaient pas autre chose. La province n'a compté dans le royaume qu'à partir de la révolution. Jusqu'alors, le parlement de Paris et les fermiers-généraux avaient seuls soupçonné son existence. Aux états de 89, elle revendiqua ses droits, et se fit en même temps applaudir et humilier, admirer et craindre.

La province représentait les 24/25e de la nation. Pour écrire une véritable histoire française, il fallut donc connaître l'histoire des provinces et des cités. C'est sur place que vinrent l'étudier, à l'est et à l'ouest, dans le nord et dans le midi, les illustres noms que j'ai cités plus haut. Les documents qu'ils recueillirent de tous côtés à force de travail, ils les soumirent à l'appréciation philosophique, ils les imprégnèrent de leur génie, ils les passèrent par les profondeurs de leur pensée, et de ces trésors des archives particulières, ils composèrent leurs immortels ouvrages, magnifique ensemble littéraire, éternelles mosaïques élevées à la gloire du passé. Sur les aîles de la célébrité, ces sublimes écrits parvinrent jusqu'au fond des départements. Des esprits jeunes, ardents, libéraux, les lurent avec enthousiasme. Pour la première fois, ils virent que les villes françaises n'avaient pas toujours subsisté, comme sous la monarchie absolue et à notre époque de centralisation administrative, d'une existence uniforme, des battements d'un même cœur qu'on appelle le gouvernement. Des exemples qu'ils virent se dérouler sous leurs yeux, ils conclurent que toutes les communes pouvaient avoir une histoire politique, puisque chacune d'elles pouvait avoir vécu d'une existence particulière différente, presque sans rapports avec l'existence générale. Dès lors, la monographie naquit en France. Du choc de l'amour de faire connaître et du désir d'être connus, une pensée soudaine avait jailli dans le cerveau de l'élite de ses fils. Ils pâlirent sur les archives des départements et des communes, ils pillèrent les moindres citations des anciens compilateurs, ils tracèrent hardiment leurs tableaux et les embellirent des plus fraîches couleurs de leur imagination. Et maintenant, la plupart des villes possèdent un ou plusieurs ouvrages d'historiographie locale ; on rencontre peu d'ouvriers et de bourgeois qui ne puissent parler longuement de leurs ancêtres et du lieu de leur naissance.

V.

Il y a quelque vingt ans, je ne sais qui frappa du pied le sol de notre département ; toujours est-il qu'il en surgit une nombreuse cohorte d'archéologues, d'annalistes, d'historiographes, soldats courageux et armés de toutes pièces qui se rangèrent avec discipline sous le drapeau de la science. L'Annuaire de l'Yonne a vanté leurs pacifiques prouesses, il a publié une grande partie de leurs travaux, fruits remarquables de savantes et minutieuses recherches. Mais, à dire la vérité, le public ne lit pas les compositions insérées dans l'Annuaire ; à peine si les compilateurs les consultent, si les commis-voyageurs les parcourent, entre deux pages d'un roman facétieux. Quelle est la cause de cette indifférence ? Eh ! mon Dieu, elle est facile à deviner. C'est parce que le modeste étalage où ils devaient exposer leurs œuvres n'a pas permis à ces heureux chercheurs de perles d'érudition de les enchasser dans ce diamant taillé à facettes qu'on appelle le style, diamant qui fait briller tout ce qu'il entoure, qui éblouit, qui attire et force à se fixer les yeux les plus distraits. Aussi, les noms les plus populaires parmi ceux des *philarchéistes* du département sont : Tarbé, Leblanc, Chardon, Chailloudes-Barres, Victor Petit, Ch. de Lavernade... parce que les hommes à qui ils appartiennent ont, sauf le respect et la gratitude qu'ils devaient à l'Annuaire, publié des livres particuliers d'histoire et d'archéologie où ils purent donner un libre cours à leurs pensées, où rien ne les obligea de contenir leur verve, de brider leur imagination.

VI.

Si ce n'est M. Quantin, personne, jusqu'en 1839, n'avait songé que Chablis occupait une place dans l'histoire du département. Jusqu'alors, pour tout le monde, le nom de Chablis se résumait dans la célébrité de son vin ; et, peut-être encore maintenant, beaucoup préfèreront à mon humble livre un flacon de vieux Clos, blanc comme le cristal des sources, pétillant comme l'Aï, bouquet parfumé, énivrant, qui, mieux que toutes les phrases possibles, remuera leurs imaginations positives. — Je voulais donc dire qu'en 1839, le savant archiviste de l'Yonne avait écrit, d'un style clair, précis, souvent animé, une courte notice sur la commune de Chablis ; je l'en remercie publiquement. Douze ans plus tôt il a éclairé mes concitoyens sur le passé de leur ville, et souvent il m'a servi de guide dans mes investigations. C'est pour agrandir le domaine des choses connues que M. Quantin a publié son mémoire sur Chablis ; j'en ai fait l'histoire à peu près complète par reconnaissance pour le pays qui m'a vu naître. J'étais encore enfant quand ce projet a germé dans mon cerveau; j'ai résolu de le mettre à exécution au sortir du collége, alors que la solitude et l'inoccupation me pesaient comme un manteau de plomb. La passion des faits oubliés a présidé à mes recherches, et quand j'ai pris la plume, l'amour du pays a dicté....

Nescio quâ natale solum dulcedine cunctos
Ducit, et immemores non sinit esse sui.

VII.

Je reconnais au lecteur le droit de me demander à quelles sources j'ai puisé les documents qui, cimentés entre eux par la pensée, ont donné une palingénésie à ma ville natale et ressuscité son histoire. Il est de mon devoir de satisfaire cette légitime curiosité :

Au milieu du siècle dernier, il s'éleva, à Chablis, une grande contestation entre deux puissances rivales qui s'efforçaient de s'éclipser mutuellement. Le chevalier Chamon de Chessimont, possesseur engagiste du fief, disputa au chapitre de l'église Saint-Martin la propriété d'un grand nombre de droits et priviléges seigneuriaux. Un procès fut intenté en cour de parlement : le maire et les eschevins municipaux firent cause commune avec le clergé, une partie de la population se rangea du côté du seigneur; bref, les mémoires se succédèrent, les plaidoyers se croisèrent, l'argent coula à flots, et Chamon fut débouté de ses prétentions. Ces grands débats, qui eurent du retentissement jusque dans l'alcôve de Louis XV, n'ont laissé que peu de souvenirs à Chablis. La Révolution les fit oublier avec les seigneurs et tous les abus de l'ancien régime. Quoiqu'il en soit, les différends des aristocraties locales n'ont pas été complétement inutiles à notre pays. — Je trouvai un jour, dans des tiroirs vermoulus, la plupart des pièces justificatives invoquées jadis et par le grand prévôt de Saint-Martin et par le chevalier Chamon de Chessimont, pour établir le droit de leurs causes adverses; c'étaient des manuscrits de memorandum contradictoires, puis des liasses de notes précieuses dont quelques-unes remontaient au XVe siècle, enfin des copies légalisées de chartes et cartulaires du moyen-âge, appartenant soit au chapitre de St-Martin de Tours, soit à la commune de Chablis, et dont les originaux sont maintenant déposés aux archives de l'Yonne et de l'Indre-et-Loire. Tous ces documents gisaient, depuis un siècle, oubliés et ensevelis dans la poussière; humble ministre du culte du passé, je procédai joyeusement à leur exhumation. —Une telle découverte m'avait mis en possession des principales preuves de notre histoire. Les renseignements secondaires me manquaient seuls : je les trouvai en feuilletant les bibliothèques, les archives communales et particulières.

VIII.

Je l'ai annoncé dans le prospectus qui a précédé la publication de l'histoire de Chablis ; plusieurs considérations politiques sur les différentes époques de la société française se trouvent rattachées à mon récit principal. En franchissant, pour chevaucher çà et là sur le terrain des faits généraux, les limites de l'étroite carrière que j'aurais dû fournir, il ne m'a pas échappé, qu'aux yeux des historiographes proprement dits, j'avais commis une grande faute. Mais, avant de me taxer d'inintelligence ou de présomption, avant de me faire passer au fil de sa langue ou de mêler à son encre une goutte de vinaigre, la critique provinciale ira sans doute s'informer des connaissances et du caractère de la population à laquelle ce volume est spécialement destiné. Elle verra que nos vignerons, oublieux des évènements, ne se souviennent guère, de leur histoire nationale, que des jours de misère ou de bien-être qui se sont levés pour le peuple aux différents âges de la patrie. Pour que ces hommes des champs comprissent parfaitement les nombreuses péripéties du drame de dix siècles auquel j'ai voulu les faire assister, il fallait donc, en attirant leur attention sur des effets particuliers, leur indiquer les causes générales ; leur expliquer pourquoi, la scène restant la même, les décors changent si souvent, et quelles sont les idées principales qui président à la continuité de l'action. Si, depuis la préface jusqu'à la table, je ne m'étais appliqué, dans cet ouvrage, qu'à raconter des faits locaux, beaucoup de mes lecteurs auraient eu le droit de me comparer à certain héros de Florian ; semblables eux-mêmes à ces habitués des spectacles fantasmagoriques, qui, toujours, sortent éblouis de l'enceinte du théâtre, mais n'emportent avec eux qu'une forte odeur d'huile et de papier imprimé. -- On dirait presque que je me suis excusé : je n'en avais pourtant pas l'intention en commençant cet alinéa.

IX.

Je dois le dire dès à présent : quelques digressions en dehors de mon véritable sujet, me seront plus facilement remises que ma requête pour Fontenay-près-Chablis, dans ce grand procès qui se plaide encore devant le tribunal de l'histoire pour déterminer le champ exact de la lutte des trois fils de Louis-le-Pieux. Avocat novice d'une cause si importante et si ancienne, je ne me flatte pas d'avoir tout prouvé. On verra du reste que j'ai plus cherché à m'éclairer moi-même qu'à prendre à parti des systèmes établis ou des préventions intéressées. Mon but prédominant a été d'opposer le doute à des affirmations trop tranchantes et d'indiquer des éléments de discussion raisonnables. Je crois avoir réussi. Dans ses *Mémoires abrégés des généralités du royaume de de France*, le comte de Boulinvilliers écrivait en 1680 : *La bataille se livra comme l'on sçoit à Fontenay, à l'extrémité de la Champagne, du costé d'Auxerre ; mais il est difficile de déterminer si ce fut à Fontenay, proche de Chablis,* (COMME ON LE CROIT COMMUNÉMENT), *ou si ce fut à un autre Fontenay, proche de Coulanges.*

C'est fort de l'opinion des anciens qui, dans la question, se déclaraient ouvertement en faveur de Fontenay-près-Chablis, que j'ai de nouveau analysé le récit de Nithard, que je l'ai montré dans un sens d'application opposé à celui de l'abbé Lebœuf et des historiens ses copistes. J'ai essayé enfin d'établir une comparaison telle que le lecteur, de libre arbitre, pourra se prononcer avec moi ou contre moi. Si ma plume devait se briser sur le bronze d'une argumentation contraire, coulée ou non dans le moule de la popularité, je m'ensevelirais dans l'honneur d'avoir payé une noble dette à mon pays. Mais, si mes raisons prévalaient, j'aurais fait assez pour l'histoire de France.

X.

Habitants de Chablis, riches et pauvres, vignerons et rentiers, vous tous mes concitoyens, c'est à vous que je dédie ce livre. Veuillez l'accepter comme le témoignage le plus sincère de mon amour du sol natal, des souvenirs que vous avez laissés dans mon cœur. Je serai heureux si cet humble ouvrage peut distraire les gens oisifs, reposer, le soir, l'artisan fatigué par une longue journée de travail, et surtout réveiller dans le cœur de tous ces élans sublimes, qui, en transportant avec ardeur l'âme vers le passé, l'élèvent et l'ennoblissent. — Je mets mon premier ouvrage — qui peut-être sera le dernier — sous la protection de ma ville natale, et, en particulier, sous l'égide de mes amis d'enfance. C'est surtout à ces derniers qu'il appartiendra de le défendre; eux qui s'étaient si vivement émus, lorsque je leur ai parlé de réveiller les cendres de nos ancêtres !... Ces encouragements de l'amitié auront toujours dans mon cœur de tendres échos. Ils m'ont déjà assez récompensé de mes veilles, en témoignant tant de sympathies à une ambition qui tend à se confondre avec les traditions du pays.

HISTOIRE
DE CHABLIS

CHAPITRE PREMIER.

Epoques celtique, romaine et gallo-franke.

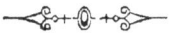

> ...Priùsquam hujuscemodi rei initium expedio, facta suprà repetam; quó, ad cognoscendum, omnia illustria magis magisque in aperto sint.
>
> SALLUSTE.

Comment on doit considérer la tradition. — Traditions populaires à Chablis. — Opinion de l'Auteur sur ces souvenirs. — La légende du 'Schabl et les armoiries de la commune. — Racine du nom de Chablis. — Etymologie donnée par M. Quantin. — Discussion. — Impossibilité d'attribuer une origine celtique ou gallo-romaine à la ville de Chablis. — La plaine qu'elle occupe maintenant faisait partie du pagus Tornodorensis. — Le territoire de ce pagus doit être compris dans les limites du premier royaume de Bourgogne. Preuves de M. Roget de Belloguet. — Diverses dominations qui se succédèrent dans le Tonnerrois. Sa réunion définitive à la seconde monarchie franke. — Dissolution de l'empire de Charlemagne. — Causes de la lutte des fils de Louis-le-Pieux. — Récit du combat de Fontenay par l'historien Nithard. — Où se livra cette bataille? Opinion de l'abbé Lebœuf. Opinion de l'auteur. Discussion. — Visite à l'église de Fontenay. — Vœu. — Conséquences politiques de la victoire de Charles-le-Chauve et de Louis-le-Germanique.

Comme toutes les sciences possibles, l'histoire repose sur des principes fondamentaux. Des hommes d'une autorité incontestée et incontestable les ont cités avant moi. — Ce sont : les écrits des anciens auteurs, les monuments élevés à la mémoire des faits et les traditions qui en perpétuent le souvenir. Lorsque deux de ces pierres angulaires font défaut à un édifice historique, il peut jeter ses fondements sur la troisième. Ainsi, faute de preuves écrites, de débris éloquents et authentiques, c'est presque un devoir pour l'écrivain d'ajouter foi aux traditions populaires. Ces témoignages, j'en conviens, sont souvent confus, ils s'altèrent toujours en traversant les âges; toutefois, il est reconnu qu'ils ne laissent pas de transmettre, jusque dans les siècles les plus reculés, quelques faibles lueurs de la vérité. Pour que cet axiôme historique ne soulève aucun doute dans les esprits, je je pourrais citer bien des exemples. Mais, qu'on me pardonne de m'en dispenser; discuter les bases principales des affirmations et du jugement des auteurs n'est pas la tâche que je me suis proposé de remplir.

Chablis — ainsi que la plupart des villes — ne possède nul document capable d'éclairer les premiers jours de son existence. Sur ce point si délicat de son histoire, il faut donc s'en rapporter aux traditions aidées par le raisonnement. Quiconque tenterait de résoudre la question d'une autre manière, avec l'aide de sa propre science ou de son imagination par exemple, risquerait de tomber dans l'erreur et l'absurdité.

Écoutons en conséquence ce qu'affirmait tout père de famille du bon vieux temps, lorsque ses enfants l'interrogeaient sur l'origine et l'antiquité de Chablis. « Mes enfants — disait-il — lorsque j'avais votre
« âge, j'ai fait à mon père la même question que vous
« m'adressez à présent. Voici ce que le digne homme
« m'a répondu : — Mon fils, tu es bien jeune encore
« pour que je te lègue le seul héritage que j'ai reçu de
« mes aïeux — leurs souvenirs. Mais, que cet
« exorde ne te désespère pas ; malgré la légèreté de
« ton esprit, je satisferai tout-à-l'heure ta curiosité,
« sauf à revenir plus d'une fois sur ce récit — si Dieu
« m'en fait la grâce. Prête-moi donc l'oreille, et, dès
« aujourd'hui, fais ton possible pour graver pro-
« fondément mes paroles dans ta mémoire. — Nous
« devons à l'empereur Probus les vignes qui ver-
« dissent nos coteaux ; les Romains les avaient
« plantées longtemps avant la fondation de Chablis.
« — Cette ville fut bâtie, à la fin du quatrième siècle,
« par le bienheureux Martin, évêque de Tours. Ce
« grand saint, allant un jour de Tonnerre à Auxerre,
« traversa le Serain, en face du faubourg moderne de
« la Maladière, sur un bateau qui glissait le long d'un
« câble ; et, arrivé sur la rive gauche, voyant une

« belle prairie se dérouler sous ses regards, il y fonda
« le monastère que nous connaissons tous. — Avant
« de t'en apprendre davantage, mon fils, je te ferai
« observer que c'est de ce câble, qui servait à traver-
« ser la rivière qu'est venu le nom actuel de notre
« pays. — Je disais donc que St-Martin fonda la
« maison chanoiniale qui, maintenant encore, est pla-
« cée sous son puissant patronage. Dans le commen-
« cement, saint Amatre et saint Germain d'Auxerre
« la prirent sous leur protection, et convertirent au
« christianisme les habitants du voisinage qui s'em-
« pressèrent de construire des huttes et des cabanes
« autour du nouveau monastère de Saint-Martin,
« *dict des Preys*. — A son retour de Rome, l'empe-
« reur Charlemagne passa par la ville naissante et y
« fit bâtir Sainte-Marie-de-Charlemagne et le cou-
« vent de Saint-Edmond où le célèbre Alcuin éta-
« blit des écoles. Charles-le-Chauve, après la bataille,
« de Fontenay, entendit la messe à Sainte-Marie. —
« Lorsque le roi Robert vint à Chablis, il ordonna la
« construction de l'église Saint-Pierre, pour remer-
« cier Dieu d'une victoire que les Français avaient
« remportée sur les Bourguignons. — Avant ce temps
« là, comme depuis, la ville et ses habitants ont tou-
» jours appartenu à saint Martin, à l'exception des

« bourgeois, qui se sont affranchis (*). —Tels sont, mes
« enfants, les souvenirs que m'a laissés mon père;
« puissiez-vous un jour les transmettre fidèlement
« à vos petits neveux. »

Les gens sérieux qui liront les phrases décousues, parfois illogiques que je viens de placer dans la bouche de quelque honnête bourgeois de la commune, ne pourront s'empêcher de sourire. Je l'avouerai franchement: la première fois que je lus les notes du XVe siècle qui rapportent ces traditions, je les rejetai presque avec un orgueilleux dédain. Mais plus tard, en réfléchissant sur ces témoignages grossiers de la mémoire des hommes, en étudiant avec quelque soin leur texte primitif, moitié français moitié latin barbare, je crois avoir découvert des renseignements précieux pour cette histoire dans ce mélange informe et confus d'érudition et d'ignorance, d'erreur et de vraisemblance. Selon moi, ces paroles : *Charles le-Chauve entendit la messe à Sainte-Marie*, ne sont que la reproduction immémoriale, et certes bien involontaire de cette phrase de l'historien Nitard: *Le lendemain de la bataille, qui était un dimanche, les frères vainqueurs firent célébrer l'office divin sur le lieu du combat.* Dans cette

---

(*) Notes de M. Chamon de Chessimont.

croyance ferme de la fondation de Chablis par saint Martin, j'ai reconnu une nouvelle preuve de la translation des reliques de ce saint dans notre ville et des arguments que je ferai valoir dans la suite pour démontrer que l'accroissement de Chablis ne date que de l'époque où les moines de Tours s'y refugièrent avec le corps de leur glorieux patron. Enfin, j'ai cru distinguer un profond caractère de vérité dans la tradition locale et authentique, qui fait remonter la racine du mot Chablis à cette corde tendue sur le Serain, à l'aide de laquelle, à une époque reculée, un passeur, habitant sur une des rives, transportait, en ligne directe et malgré le courant, d'un bord à l'autre, les voyageurs obligés de traverser la rivière.

Les savants qui ont usé leur vie à rechercher partout les traces de la langue celtique et à déterminer l'acception des mots qui la composent ne nous ont pas laissé ignorer que, dans cet idiôme primitif, une grosse corde se traduisait *'shabl*. C'est de ce substantif celtique, le même que les Arabes modernes emploient encore pour désigner un cordage quelconque et d'où est venu le mot français *câble* que je fais descendre l'étymologie du nom moderne de Chablis, *Cableia*. Je partage cette opinion avec six siècles de souvenirs historiques : — En 1336, nos pères avaient une conviction si profonde dans la légende du *'shabl*, que le maïeur de la commune fit sculpter, sur une des portes de la ville, un écu semé de fleurs de lys sans nombre au *chable* ou *câble* deux fois entrelacé. Quelques années après, la commune adopta pour rébus-blason le câble traditionnel ; et, on plaça dans le *prytanée* — ou sanctuaire de la justice — ces armoiries populaires. Les fleurs de lys étaient d'or, en fond d'azur ; seulement, dans le prytanée, au lieu de traverser l'écu perpendiculairement en s'entrelaçant deux fois, le *chable* coupait le fond par une barre d'argent droite et horizontale. Deux siècles plus tard, la légende du *'shabl* ou *'schabl* n'avait rien perdu dans l'esprit public, puisque alors je ne sais quel compilateur a écrit : — D'où vient le nom divin de Chablis ? Assurément de ce que, sous la première race des rois Gaulois, il existait, près de l'endroit ou s'élève à présent la ville, un bateau et un câble à l'aide desquels traversaient le Serain les gens qui voyageaient sur le chemin frayé entre Tonnerre et Auxerre (*).

Si, depuis tant de siècles, nos pères ont regardé le *câble* ou plutôt le *'schabl* des temps mérovingiens comme la racine du nom de leur commune, pourquoi, en fils obéissants, n'ajouterions-nous pas foi à

(*) Unde divum nomen Cableiæ? Certe quia olim ibi erat navicula ou *bart avecque un châble pour passer le Serein*, sub primâ regum Gallorum progenie et ante, aux *gès qui cheminoient entre Torneure et Auceurre* (Tonnerre et Auxerre).

cette tradition de famille ? Ne vaut-il pas mieux s'humilier devant les vieilles légendes et croire aveuglément, que se perdre dans des dissertations qui ne finissent pas ? Laissons-nous persuader, lecteur, croyons comme les anciens. Il n'est pas ridicule de suivre leur exemple, ils étaient au moins aussi sensés que nous, si, comme nous, ils n'avaient pas quelques vaines fumées d'imagination et une haute opinion d'eux-mêmes. Certes, il vaut mieux prendre résolument ce parti que torturer le nom moderne de Chablis, le faire passer par toutes les étamines de l'esprit et de la science, pour en extraire deux substantifs celtiques *cab* et *ley*, enclaver entre ces deux termes la proposition *près*, ainsi qu'on pourrait y faire entrer la préposition *loin*, et affirmer, sur notre parole, avec M. Quantin, que *Cableiæ*, et par suite Chablis signifient *habitations près des bois*. Je rejette d'abord cette préposition *près*, capricieuse et hasardée, qui est venue se placer entre les mots celtiques. Car je ne pense pas que, dans le commencement, Chablis était plus rapproché des bois qu'il ne l'est maintenant. Et en effet, si ses maisons eussent été éparses dans une plaine boisée, cette plaine n'aurait pu être le théâtre de la lutte des fils de Louis-le-Pieux qui, comme je me réserve de le prouver dans la suite, y tranchèrent, à coups de francisque, les différends qui s'élevèrent entre eux lors du partage de l'empire paternel. En outre, qu'il me soit permis de faire remarquer que le sens donné au mot *cab* me paraît impropre et forcé : ce terme ne s'appliquant qu'à une hutte ou une cabane particulières, et les Gaulois se servant de l'expression *will* pour désigner des habitations en général.

Mais, même en admettant que la traduction de M. Quantin soit fidèle et sincère, qui prouve à l'honorable archiviste, qu'à l'époque celtique, le bourg de Chablis se composait d'un grand nombre de maisons? De quel droit donne-t-il d'une parole à notre cité une origine si ancienne? Est-ce pour se poser en hérétique en face de la religion des souvenirs? est-ce parce que les historiens qui parlent du Tonnerrois, au Ve et au VIe siècles, citent à peu près tous les villages qui entourent maintenant Chablis et se taisent sur cette dernière ville ? Je ne le crois pas : notre habile archiviste a trop d'esprit pour lui supposer d'aussi faibles moyens de défense. Il sait parfaitement que si les historiens ne parlent pas de Chablis à une époque aussi reculée, ils avaient une bonne raison pour cela..... celle de son néant.

Peut-être que M. Quantin, en donnant au nom de Chablis une étymologie celtique, ne prétend pas supposer au bourg une pareille antiquité. Qu'il s'explique alors ! Pense-t-il qu'il fut fondé sous la première race?

Dans cette hypothèse, le savant aura contre lui : la tradition, le texte de D. Martenne, les mémoires des chanoines de la collégiale de Saint-Martin de Tours. Incline-t-il à croire que son origine ne remonte pas au-delà de la bataille de Fontenay? Mais, avec une semblable opinion, il ne serait pas possible de donner au nom de Chablis une racine tirée de la langue oubliée des anciens Galls. Personne, en effet, n'ignore qu'au IXe siècle on se servait, dans les provinces du centre, de cet idiôme germano-romain dont les serments de Verdun nous ont laissé des exemples.

Je ne me flatte pas d'avoir identifié le lecteur avec les idées que j'ai émises dans la précédente discussion; cependant, pour qu'il puisse les embrasser d'un coup d'œil, je vais les résumer en quelques mots : — Le nom de Chablis, selon moi, remonte à une époque indéterminée, mais assurément antérieure à la décadence des Mérovingiens. Je regarde comme authentique la tradition du *'schabl*; et, je pense que les voyageurs accoutumés à traverser le Serain à l'aide de cette corde d'écorce ont, dans le principe, appelé *'schabl* le lieu de leur passage — le gué proprement dit, — que, par la suite, cette dénomination s'est étendue à la prairie qui resserrait les eaux de la rivière dans un lit de verdure, et qu'enfin, lorsque une bourgade fut fondée en cet endroit, elle reçut le nom de ville du *'schabl*, — *villa Cableiæ* — dont le latin a fait *Cableia, Capleia, Chableiæ* et le français *Chables, Chablées, Chablies* et *Chablis*. — Comme l'emplacement de Chablis a pu être, longtemps avant qu'on y construisît des maisons, nommé le pré du *'schabl*, tout en attribuant à son nom une origine celtique je ne suis pas dans l'obligation de donner à la ville une origine aussi ancienne. Mon opinion, d'ailleurs, se fonde sur la tradition communale et l'avis des chanoines de Saint-Martin qui l'avaient emprunté à D. Martenne, dans un manuscrit de la bibliothèque royale. D'après les mémoires que nous ont laissés ces chanoines, le bourg n'aurait été fondé qu'au IXe siècle. Le moment n'est pas venu de faire valoir toutes les raisons qui m'ont engagé à me ranger de leur opinion ; maintenant, je ne m'efforcerai que de combattre à l'aide du raisonnement tout lecteur incrédule qui, à cause du nom de cette ville, tenterait encore d'attribuer la fondation de Chablis aux Celtes et aux Gallo-Romains. Si je réussis, il faudra bien avouer, par la suite, que l'origine de mon pays ne peut remonter qu'à l'époque que D. Martenne, le premier, lui a assignée dans l'histoire.

Il répugnait aux anciens Galls de fonder dans les plaines des cités d'une importance secondaire. Lorsqu'une tribu peu nombreuse, lassée de l'existence nomade, voulait s'établir en quelque lieu, elle choisissait de préférence des plateaux élevés. Comme l'aigle et le vautour, le chef de famille aimait à suspendre sa demeure aux pics acérés des montagnes, souvent sur des anfractuosités qui menaçaient le vide. Il se reposait ainsi sur la nature du soin de la défense de tout ce qui lui était cher. —Certes, s'il était une plaine dont la position pût tenter un clan Gaulois, au point de le résoudre à y bâtir des habitations, ce ne peut être celle qu'occupe maintenant la ville dont j'ose entreprendre l'histoire.

Je dis cela parce que, avant la conquête romaine, pour le malheur de la nationalité gallique, ses différentes races étaient sans cesse en lutte les unes contre les autres, et que, à cette époque, la ligne flottante qui séparait les Educns des Sénonais et des Lingons devait passer par nos environs. Bâti en rase campagne et sur les frontières de ces trois peuplades ennemies, si Chablis eût appartenu à l'une d'entre elles, il aurait été exposé aux attaques et aux continuelles excursions des deux autres ; de sorte que la bourgade naissante, sans défenses naturelles, avant d'avoir eu le temps de se retrancher dans une enceinte murée, aurait été, pour ainsi dire, étouffée dans son berceau.

Qu'objectera-t-on à cette simple logique, qui démontre si facilement l'impossibilité d'attribuer la fondation de Chablis aux anciens Galls? Évoquera-t-on en doute le fait constant de leurs divisions intestines, de leurs rivalités sanglantes ? Hélas! plût à Dieu que les tribus transalpines ne se fussent jamais épuisées en luttes fratricides; leur sauvage mais précieuse indépendance n'aurait jamais péri ! Une étroite alliance pouvait seule les mettre en état de résister à Rome et à la politique astucieuse du sénat. Cette politique se résumait en deux mots : *corruption*, *division* ; et elle forgea des chaînes à l'univers. Outre la conservation de leurs libertés primitives, l'union des différents peuples de la Gaule aurait eu un plus grand résultat : si tous les efforts des armes romaines étaient toujours venus se briser contre ces bataillons gaulois qui avaient ébranlé le Capitole, César n'aurait peut-être jamais été qu'un Verrès et un Catilina, c'est-à-dire un homme perdu de dettes et un conspirateur, jamais, faute de réputation, Jules n'aurait pu se poser en rival de Pompée ; et Pharsale n'aurait pas vu mourir la Liberté. A vrai dire, l'empire du monde était dans les Gaules.

Mais, s'il n'est pas supposable que des familles lingonnes ou sénonaises aient jamais songé à semer leurs cabanes sur ces rives du Serain, que nous foulons après tant de générations ; il n'est pas impossible, qu'il y a dix-huit ou vingt siècles, lorsque notre patrie n'était qu'une forêt vierge entrecoupée de clairières marécageuses, de lacs, de landes et de savanes, un druide à cheveux roux, affreusement tatoué, ait cueilli le gui sacré aux branches d'un chêne planté dans la prairie du *'schabl.* Couronné de verveine, un prêtre de Theuth ou de Belen y a peut-être souvent offert à ses dieux de sanglants holocaustes. Qui me dira si ces échos, qui retentissent maintenant des refrains joyeux des vignerons, n'ont pas répété les cris déchirants de la victime humaine se tordant sous le fer du sacrificateur ? Qui sait si dans nos cantons, où l'on trouve encore ces larges monolytes connus sous le nom de *dol-men* et *peul-men,* des fondrières creusées de mains d'hommes — traces évidentes de l'ancien culte gaulois — quelque Velléda, à la voix prophétique, n'a pas prêché la guerre sainte contre les envahisseurs du midi ? Toutes ces hypothèses peuvent être vraies, j'en conviens, mais à qui demanderai-je si elles ne sont pas hasardées ? Sera-ce à nos montagnes, aux bois qui les couronnent ? Ces antiques témoins de notre histoire resteront éternellement muets.

J'ai allégué plus haut les raisons qui me faisaient impitoyablement repousser toute opinion qui tendrait à donner à Chablis une origine celtique. Je ne crois pas davantage qu'on puisse faire remonter son existence à l'époque de la domination romaine :

Alors, la population, décimée par la guerre, et sans cesse exposée aux brutalités des garnisons impériales, fuyait les campagnes pour se réfugier dans les municipes dont les institutions administratives protégeaient les vaincus contre la tyrannie et l'avidité des conquérants. Du reste, si mon pays natal devait son origine aux Gallo-Romains, depuis longtemps on aurait trouvé dans son enceinte, comme dans toutes les villes antiques, des traces de la civilisation des premiers jours de notre ère. Souvent le vigneron, en fouillant dans le sol, aurait senti sa pioche heurter contre un chapiteau, un plein-cintre, une pierre tumulaire où le savant déchiffrerait quelque inscription latine. Souvent le manœuvre, creusant les fondations d'un édifice, aurait vu jaillir sous ses coups, comme un jet métallique, des médailles frappées au coin des empereurs. — Et jamais notre sol natal, remué par des siècles de générations laborieuses, n'a trahi aucun de ces vestiges de la société romaine. Le contraire n'aurait pu manquer d'arriver si Chablis eût seulement existé à l'époque des trente tyrans ou de Julien l'Apostat.

Chacun sait que vers ce temps l'avant-garde des barbares d'Outre-Rhin envahit les Gaules: semblables à une mer qui force ses digues, laissant sur la gauche la Grande-Séquanaise et le bassin de la Saône dont ils étaient séparés par la chaîne du Jura et ses prolongements, les All-mens — comme leurs descendants en 1814 — se précipitèrent naturellement sur le pays des Lingons. Puis, suivant la grande route militaire de Langres à Auxerre, ils passèrent non loin de Tornodorum, traversèrent le Serain au gué du 'schabl et allèrent porter la dévastation jusqu'au pied du mont Autricum où Julien les arrêta, lors de leur deuxième invasion. A supposer que Chablis, ainsi placé sur leur route, eût existé à cette époque, quel magnifique amas de ruines ces barbares n'en auraient-ils pas fait? Quelles preuves historiques ne nous auraient pas laissées ces désastres, dont la terre, à défaut de l'histoire, nous aurait gardé le souvenir? A l'approche des invasions, les Gaulois enfouissaient leurs trésors autour des lieux qu'ils habitaient; puis ils fuyaient devant les hordes dévastatrices. Ils sauvaient ainsi leurs personnes ; et, après l'éloignement des barbares, ils pouvaient réclamer à la terre, fidèle dépositaire de leur fortune, de quoi relever leurs demeures incendiées. A coup sûr, si, dans ces temps désastreux où les hauts destriers de la Germanie s'abreuvèrent si souvent dans les eaux du Serain, Chablis eût existé à l'état de ville, ses habitants l'eussent abandonné; et, par cela même, dans ses environs, — comme dans le sol de tous les municipes situés sur le passage des invasions—la postérité, dans des vases de poterie rouge et polie, aurait retrouvé le numéraire des fuyards atteints par l'ennemi. Entre nos mains, cette découverte serait devenue la démonstration évidente que de funestes catastrophes auraient signalé la première période de l'histoire de Chablis. L'antiquité de mon pays, l'intérêt de son histoire, perdent à ce que je n'aie pas à enregistrer d'aussi terribles événements; mais ma vanité d'annaliste se console en songeant que je n'ai pas à la déplorer.

Je crois m'être assez, sinon trop, étendu sur les motifs qui me font regarder comme mal fondé tout raisonnement qui tendrait à attribuer à Chablis une existence contemporaine de l'indépendance gauloise ou de la chute de la puissance romaine. Je ne veux pas discuter davantage. Dans le chapitre suivant, j'exprimerai mon avis sur l'origine de mon pays. Maintenant qu'il connaît la racine du nom de Chablis, que le lecteur veuille bien prendre haleine; pendant ce temps, je lui parlerai des diverses dominations qui se sont succédé dans le Tonnerrois. Puis, dès que j'aurai prononcé le nom de Fontenay, je réclamerai toute son attention, car — comme l'a dit un grand maître — tout paraît obscur à un lecteur distrait.

Dans ces temps reculés, le coin du monde que nous habitons faisait partie des pagus Tornodorensis. Ce pagus ressortissait à la province des Linguons, belliqueuse peuplade de la race kymrique qui avait passé le Rhin, vers le VI⁰ siècle avant l'ère chrétienne. Les Lingons vendirent cher à César leur indépendance immémoriale. Lorsque les empereurs, pour ôter à la Gaule cette force qui avait opposé une si énergique résistance aux légions romaines, la dénationalisèrent en changeant les limites des anciennes provinces, le pagus Tordorensis fit partie de la quatrième Lyonnaise. Le reste de la province des Lingons fut fondu dans la première. Cependant, tout en remaniant les anciennes divisions politiques de la Gaule, les conquérants laissèrent subsister la subdivision non moins ancienne du *pagi*, qui fut respectée jusqu'en 1789. Car, lors de l'établissement du christianisme, l'administration et la juridiction ecclésiastiques ont été calquées sur cette antique distribution rurale, de telle sorte que les pagi devinrent des archidiaconés, tandis que leurs subdivisions appelées *fines* se changèrent en paroisses. On sait que les archidiaconés ne furent abolis qu'à la première révolution. Je n'ai pas besoin de dire que les limites des nouvelles provinces gallo-romaines demeurèrent jusqu'à cette époque celles des circonscriptions archiépiscopales.

L'histoire du Pagus Tornodorensis pendant la domination impériale appartient à celle des Lingons et de tout l'est de la Gaule. A la voix des druides annonçant, au nom du ciel, que le temps était venu où l'empire des choses humaines allait passer aux nations transalpines, ses habitants prirent les armes avec Sabinus, pour reconstituer l'empire gaulois. Nul doute que ses campagnes ne furent un des théâtres de l'anéantissement des Bagaudes ou de la proclamation d'un de ces tyrans éphémères qui n'avaient pas plus tôt pris la pourpre qu'ils la voyaient déchirée dans les arènes par les griffes des bêtes féroces et noircie de leur propre sang. Traversé par les grandes routes militaires de Langres à Auxerre et d'Auxerre à Autun par Alise, le Tonnerrois se trouva sur le chemin des Herzogs Alemans, Westralp et Chnodomar. Quelqu'un oserait-il assurer, qu'au commencement du IVe siècle, lorsque du Rhin à la Loire on n'entendait plus dans les Gaules qu'un épouvantable écroulement de villes et de citadelles, le Tonnerrois ne fut pas dévasté, encore une fois, par les hordes de la Vandalie commandées par Chrocus, ce farouche percurseur d'Attila. Pour moi, je crois pouvoir affirmer qu'il échappa aux calamités que laissaient sur leur passage les tribus Chunniques. En cela, notre pagus fut plus heureux que l'Auxerrois et sa capitale.

Autissiodorum — Auxerre — était alors une des cités les plus renommées des Gaules et de Germanie, par le patriotisme de ses habitants. La célébrité de ses évêques, Pérégrin, Amatre et Germain avaient entouré son église de l'admiration universelle. Sa réputation fut peut-être la seule cause qui attira sur elle la colère d'Attila. Le cheval du terrible conquérant — dit le barbare — ce cheval qui frappait la terre qu'il foulait d'une éternelle stérilité, venait de passer sur les ruines de Sens. Reprenant sa course dévastatrice et vagabonde, il arriva bientôt en vue d'Auxerre. Ses remparts, élevés avec les débris de la civilisation, furent des digues impuissantes contre les flots de la barbarie. En vain l'évêque Fraterne implora la pitié du fléau de Dieu, en vain sur l'étrier du conquérant souillé d'une poussière sanglante, ce prélat imprima des lèvres purifiées, Attila lui répondit par un ordre de mort. Fraterne fut heureux d'être martyrisé : il ne vit pas planer pendant trois jours, au dessus de sa cité épiscopale, le carnage, la ruine et l'incendie.

Ces événements se passaient à la fin de septembre 451. Ce fut au commencement de cette année que les Chuns quittèrent les bords de la Save. Cinquante villes avaient déjà disparu de la Germanie quand la veille de Pâques ils se montrèrent devant Metz. La horde asiatique passa sur cette cité qui, comme celle des Tungres sa rivale, n'exista plus qu'à l'état de décombres. Des rives de la Moselle, les barbares s'élancèrent dans la vallée de la Seine qu'obstruèrent leurs bandes indisciplinées. Geneviève sauva Paris, Loup sauva Troyes; et la soif du carnage en devint plus ardente dans la poitrine du *Fléau de Dieu*. Nous avons vu si Sens et Auxerre eurent à souffrir de sa trop longue modération. Après la ruine de cette dernière ville, Attila tourna vers l'ouest et marcha sur Orléans. — La route que je viens de tracer, d'après Grégoire de Tours (*), à l'armée des Chuns me fait présumer que le Tonnerrois échappa à leur furie. On me dira peut-être qu'il a pu être ravagé par des bandes isolées. Je ne le crois pas : tous les soldats d'Attila me paraissent avoir été toujours entraînés par un irrésistible élan sur les pas de leur chef; et ce chef passait avec la rapidité du torrent....

En 451, le pagus Tornodorensis appartenait encore aux Romains. Convoité — et par les Franks qui s'avançaient rapidement vers le centre des Gaules — et par les Bourguignons qui s'étendaient de plus en plus à l'ouest — il était sur le point d'échapper aux empereurs de Ravenne. Je crois que c'est vers l'an

---

(*) De Gest. Franc. Lib. II, Cap. 2.

456 qu'il fut occupé définitivement par les Bourguignons.

Ces peuples que Pline, écrivain du premier siècle après J.-C., regarde comme une des branches de la grande nation des Vandales, avaient envahi les Gaules, en l'année 406. Longtemps ils avaient habité les pays d'outre-Rhin. Selon toute probabilité, ils venaient de la Scandinavie, berceau de tous les peuples qui s'engouffrèrent dans l'empire romain. Peut-être en avaient-ils été chassés par les conquêtes d'Odin, longtemps avant l'ère chrétienne. Il y a lieu de croire qu'ils ne passèrent pas tout d'abord sur les côtes de la Germanie, mais qu'ils demeurèrent quelque temps dans l'île de Bornholm, appelée autrefois *Burgundar-holm, terre des Bourguignons* (*). Ainsi, ce ne serait donc que la trop grande multiplication de leur race qui les aurait décidés à émigrer dans les plaines qu'arrose la Wistule. C'est des bords de ce fleuve qu'émigraient, chaque année, dans la Gaule et les autres provinces de l'empire, ces Bourguignons appartenant à divers corps de métiers, qui venaient y travailler comme charrons ou charpentiers. Le récit qu'ils firent à leurs compatriotes de la fertilité et des richesses des provinces romaines ne paraissent

---

(*) Lecture faite à la réunion archéologique de Sens, par M. Gustave Laperouse, sous-préfet. — Janvier 1851.

pas les avoir tentés. Ils n'étaient avides que des salines des All-mens (*) contre lesquels, à cette occasion, ils furent si longtemps en lutte, que c'est, dit-on, depuis cette époque qu'ils furent appelés *Bourguignons salés*. Ces peuples n'abandonnèrent leurs cantonnements sur la Wistule qu'à cause des nouvelles irruptions des nations du nord de l'Europe et des tribus d'outre-Volga. Alors, avec leurs femmes, leurs enfants, leurs charriots traînés par des bœufs et chargés du peu qui leur appartenait, ils s'avancèrent lentement au travers de la Germanie.

A la tête de l'émigration marchaient les *Hendins*, portant sur leurs étendards la figure d'un chat, emblème de la sauvage et primitive liberté des Bourguignons. Une fois sur les bords du Rhin, ils mirent sept ans à aller jusqu'à Lyon (406-413). Sidoine Apollinaire nous les représente comme des peuples aussi indolents de corps que dénués d'activité d'esprit. Malgré leur taille gigantesque, ils étaient donc très-peu belliqueux. C'est plutôt par des négociations réitérées — dit M. Augustin Thierry — que par la force des armes, qu'ils obtinrent leurs demeures nouvelles. Ils employèrent un demi-siècle à fonder leur empire; et, lorsqu'Attila, écrasé aux champs catalauniques, re-

(*) *Amm. Marcellin.* Liv. XXVIII. Chap. 5.

gagna la Pannonie en traversant la Séquanaise, ils n'occupaient pas encore ce dernier pays. Les progrès de la domination des Bourguignons accusent plus de rapidité à partir de la chute de l'empire Chunique. Cinq ans plus tard, leur puissance s'étendait jusqu'à la Sénonie. D'humeur douce et pacifique, ces envahisseurs si différents des autres peuples barbares, ne regardaient pas les anciens indigènes comme des vaincus, ils leur paraissaient plutôt des hôtes ayant partagé le superflu de leurs biens avec les nouveaux venus. Aussi, imitateurs de coutumes gallo-romaines, ils allaient, tous les matins, saluer du titre d'oncles les plus riches des anciens habitants dont ils auraient pu faire des esclaves, si tel avait été leur bon plaisir (*).

Ce fut en l'année 487 que les Bourguignons et les Franks se rencontrèrent dans le pagus Tornodorensis. Le gouverneur Egidius avait vu tomber un à un tous les remparts de la domination romaine dans la Gaule septentrionale. Son successeur, ne songeant à conserver aux empereurs d'Orient que les provinces du centre, se replia derrière la Loire. Auxerre et son territoire qui touchait aux terres bourguignonnes, tombèrent ainsi au pouvoir de Hchlodewig, chef des

(*) Lettres sur l'Histoire de France.

Francks — c'est-à-dire des tribus fières entre les nations tudesques. Depuis longtemps, il existait entre les deux peuples que leurs conquêtes avaient rapprochés une haine sourde et cachée. Toutefois, elle n'éclata pas dès qu'ils se trouvèrent en présence. Hchlodewig épousa même Chrotechilde, ou Clotilde, nièce de Gondebaud, fils de Gondioc, roi des Bourguignons. Les circonstances de ce mariage nous serviront à prouver — avec M. Roget de Belloguet (*) — que le pagus Tornodorensis fit partie du premier royaume de Bourgogne.

Selon Frédégaire, ce fut à Châlon-sur-Saône que les Francks reçurent, des mains de Gondebaud, la jeune princesse chrétienne avec ses charriots et ses trésors. Glorieuse d'avoir pour époux le plus célèbre des héros barbares, Chrotechilde voulait, par une course rapide, hâter le moment de son hymen. De plus, elle craignait que — soit à cause de la jalousie qui existait entre les Bourguignons et les Franks — soit à cause de l'idolâtrie du chef de ces derniers — le meilleur conseiller de son oncle, le sage Arrhidius, alors en mission, ne blâmât ce mariage, à son retour. Prévoyant bien que dans ce cas le roi de Bourgogne

(*) Carte du premier royaume de Bourgogne, par Roget de Belloguet, auteur des *Questions Bourguignonnes et de l'Origine de Dijon*.

s'opposerait à la continuation du voyage, la fiancée de Hchlodewig se fit placer sur un cheval et commanda aux Franks qui l'accompagnaient de voler à toute bride vers le village de *Villariacum*, où son futur époux l'attendait. Bien lui prit de cette résolution: car des cavaliers envoyés par Gondebaud à sa poursuite arrêtèrent les charriots et les trésors qui étaient restés par derrière. Cette mesure, du reste, était prudente de la part du roi de Bourgogne. Ce prince, assassin de son frère Chilpérik, père de Chrotechilde, avait à redouter que sa nièce, une fois unie à un chef puissant, n'engageât son mari à venger le sang répandu.

On doit comprendre d'ores et déjà que c'est d'après la position de *Villariacum* que je déciderai, avec le lecteur, si le Tonnerrois, aux derniers jours du Ve siècle, appartenait aux Franks et aux Bourguignons. En vain, on m'opposera les chartes données, dit-on, par Hchlodewig, au monastère de St-Jean-du-Moutier dont la position à l'extrémité méridionale du *pagus* entraînerait avec lui, dans les états francks, ce canton tout entier; je récuserai, avec M. Roget de Belloguet, l'authenticité de ces chartes, fabriquées à plaisir au XIVe siècle ; et, je ne me regarderai comme nullement entravé dans mon argumentation.

Villariacum, ajoute Frédégaire, était situé tout-à-fait à l'extrémité du royaume des Franks, dans le territoire de Troyes, à la frontière sud-ouest de ce diocèse dont les limites devaient naturellement se confondre avec celles de la Bourgogne. Comme on sait, par Lebœuf (*), que le Morvan appartenait à Gondebaud, en n'accordant pas à ce dernier la possession du Tonnerrois, il faudrait faire avancer en promontoire le royaume des Franks jusqu'à Semur. Et cette prétention serait absurde : car si Semur eût été au pouvoir de Hchlodewig, ce jeune prince, au lieu de s'arrêter à Villariacum, serait assurément venu jusque dans la capitale de l'Auxois — et pour abréger de plusieurs jours la course aventureuse de sa belle fiancée — et pour la posséder plus tôt.

Le tracé de la carte de M. Roget de Belloguet qui renferme le Tonnerrois dans la Bourgogne, est donc seul raisonnable et admissible. Selon cet archéologue distingué, la ligne qui sépare les états bourguignons des états franks se projette hors du Morvan, à une lieue Est de l'embouchure du ruisseau d'Andries, passe l'Yonne au-dessus de Vermanton, puis, descendant la vallée du Serain, elle laisse sur la droite — en Bourgogne — Noyers et la plaine du *schabl*, sur la gauche — dans le royaume des Francks — Préhy, Lignorelles

(*) Hist. eccl. — Vie de St. Urse, X^e évêque d'Auxerre.

et le lieu où l'on bâtit depuis Pontigny. En cet endroit, la limite traverse le Serain, puis l'Armançon à Flogny, et enfin la Seine, à cinq ou six lieues de Troyes, laissant sur la gauche *Villariacum*, qui est maintenant Villery, près Bouilly, dans le département de l'Aube. Je dois en outre ajouter, comme preuve à l'appui de ce tracé, qu'il est conforme à la limite des circonscriptions diocésaines du moyen-âge calquées en grande partie sur les anciennes circonscriptions politiques. Personne n'ignore, en effet, que le diocèse de Langres, qui ne s'étendait guère au-delà des frontières de la province bourguignonne des Lingons — dont, au temps de Grégoire de Tours, le Tonnerrois faisait encore partie (*), — excluait de ses limites Vermanton, Préhy, Lignorelles et Pontigny, mais y comprenait Noyers, Chablis et Ligny, villes de l'ancien pagus ou fondées plus tard sur son territoire.

Etant prouvé que le Tonnerrois fit partie du premier royaume de Bourgogne, je m'attacherai maintenant à montrer les différentes phases de son existence jusqu'à la bataille de Fontenay. Ensuite — pour faire comprendre les causes, l'objet et les conséquences de ce combat qui doit occuper une grande place dans cette histoire — j'insisterai sur la révolution sociale

---

(*) Greg. Turon. De glor. Confes. Cap XI. initio.

qui donna aux Karolingiens le trône de Hchlodewig, ainsi que sur l'état de la société franke à cette époque et les germes de dissolution qui existaient dans l'empire d'Occident. Je crois ces détails absolument nécessaires ; j'ai donc lieu d'espérer que le lecteur me pardonnera si j'entre dans des considérations peut-être trop générales pour le sujet peu étendu que j'ai entrepris de traiter.

Je reprends le cours de mon récit :

Chrotechilde avait gardé une haine implacable contre l'assassin de son père. Cette haine qui s'était encore envenimée depuis que le fratricide Gondebaud avait voulu empêcher sa nièce d'épouser le roi des Francks, attira sur la Bourgogne et le Tonnerrois de grandes calamités. Quinze ans, Hchlodewig, à l'instigation de sa femme, guerroya les Bourguignons. Mais le sang de Chilpérik ne retomba pas sur la tête de Gondebaud ; ce ne fut qu'en 534 que ses enfants furent dépouillés de leur héritage par les fils de Chrotechilde : Chlodemer, Childebert et Chlother. D'abord sous la domination de Childebert, mais toujours régie par les lois gombettes, la Bourgogne passa, vers 558, au pouvoir de Chlother. Lors du partage de 561, elle échut au roi Gonthram. Le nouvel état mérovingien avait encore Châlon-sur-Saône pour capitale. Le Tonnerrois en faisait toujours partie. Grégoire de Tours nous l'apprend par l'histoire de Monderik, prêtre de Tonnerre, rebelle à l'autorité de Gonthram, avec les ennemis duquel il entretenait des relations (*). D'après les statuts du traité d'Andelot, en 593, le royaume de Gonthram vint, à la mort de ce dernier, agrandir les états de Childebert II, roi d'Austrasie. Détachée un instant de cette couronne, la Bourgogne y retourna quelque temps après pour passer au pouvoir de Chlother II, le troisième monarque qui réunit toute la nation des Franks sous un même sceptre et dans une paix universelle. Après la mort de Hchlodwig II — 656 — le Tonnerrois fit partie du royaume d'Austrasie, dont il suivit les destinées. Son éloignement du théâtre des luttes interminables des deux états rivaux — Neustrie et Austrasie — lui fit traverser ces temps d'anarchie sans éprouver de grands désastres. Mais je ne puis affirmer s'il échappa à l'irruption de l'Ommiade Alb-el-Rhaman dont les Sarrazins brûlèrent la ville de Sens.

Au temps des invasions musulmanes, le trône déshonoré des Mérowings craquait de tous côtés. Les grands propriétaires d'Austrasie et de Bourgogne le sapaient de toutes leurs forces, voulant former de ses débris une espèce de république aristocratique et fé-

(*) Greg. Turon. Lib. V. § 5.

dérative où domineraient exclusivement les coutumes, la langue et les rejetons de la race germaine accrue par les récentes invasions des Frisons et des Thuringiens. Seul, le clergé prolongeait l'agonie de la monarchie expirante. Ce corps, composé en grande partie des descendants de la race soumise, ne pouvait souffrir l'orgueil de l'aristocratie créée par le traité d'Andelot. Comme tous ces seigneurs étaient d'autant plus avides qu'ils étaient plus riches, l'Église avait surtout à redouter la perte de ses biens, dans le cas où une révolution soudaine aurait fait triompher la France germaine de la France romaine groupée autour des rois Neustriens. Aussi pour galvaniser ces cadavres et soutenir la prépondérance nominale et momentanée de la race gauloise sur les conquérants, quelques évêques s'étaient déclarés chefs de parti. Parmi ces batailleurs mîtrés — pour ne pas perdre de vue mon sujet — je citerai Savarik, évêque d'Auxerre, qui conquit pour la Neustrie, le Tonnerrois, l'Autunois, et la Bourgogne jusqu'à Lyon.

Il ne faut pas s'étonner de voir, au VIII*e* siècle, les chefs pacifiques de l'Église s'ériger en chefs militaires. Depuis longtemps déjà, l'antique humilité des confesseurs romains avait fait place à la vanité superbe des créatures de la barbarie victorieuse. Tous ces nouveaux prélats ne voyaient dans leur crosse qu'une massue pour défendre leurs droits temporels ; et, tout entiers aux préoccupations de ce monde, ils oubliaient qu'ils avaient charge d'âmes. Ignorants même de leurs devoirs, ils transportaient dans les ordres les habitudes et les passions civiles. Ils rejetaient loin d'eux le cilice et la coule pour revêtir des habits somptueux. Ce furent ces hommes qui cachèrent la grandeur mystique du christianisme sous le faste des cultes oubliés, et la crèche dans les langes de poupre. Cette innovation était la conséquence directe de la conduite du haut clergé. Le mauvais exemple avait étouffé les dernières étincelles de la foi sous la cendre de l'égoïsme et des intérêts terrestres. Jérusalem pactisait avec Tyr; les marchands forçaient les portes du temple et en chassaient Jésus-Christ. Il fallut, à tout prix, attirer sur le sanctuaire les regards qui se détournaient. On mit alors en usage les pompes de la liturgie catholique ; on couvrit d'argent et d'or la croix que n'entourait plus l'éclat de la piété publique.

La religion pleura, dans la suite, la magnificence dont elle éblouit l'Europe; dans tous les temps, ses ennemis et les hérétiques l'ont attaqué par ce côté faible.

Cependant, malgré les efforts de l'Église pour la retenir sur le trône, la monarchie décrépite et demi-gauloise de Hchlodewig tomba avec son dernier roi

Childéric III. Le triomphe de nobles Austrasiens et des grands propriétaires avait depuis longtemps devancé la déchéance des Mérowings ; mais la prépondérance de l'aristocratie ne fut complète que quand Pépin, le prince des leudes, eût fait légitimer par le pape une usurpation contre laquelle le clergé national s'élevait de toutes ses forces. Dès lors, la race gauloise s'annihila; les coutumes et l'esprit germanique dominèrent définitivement ; et, comme l'a dit l'illustre M. Guizot, cet événement, où l'on ne voit d'ordinaire qu'un changement de dynastie, fut en fait la victoire d'un peuple sur un autre peuple, la fondation d'un nouveau royaume par des conquérants nouveaux.

Depuis le jour où les Franks lui jurèrent qu'ils n'élèveraient jamais au trône un roi issu d'autres reins que les siens (*), Pépin conserva jusqu'à sa mort le Tonnerrois et le reste de la Bourgogne. Cette province échut à Karloman, lorsque les deux fils de Pépin, selon l'antique coutume germaine, se partagèrent la nouvelle monarchie franke. Karloman mourut dans la fleur de l'âge, laissant un fils, au préjudice duquel, Karl, qui fut depuis Charlemagne, usurpa les états de son frère. Pendant le règne de ce prince, comme celle de toutes les autres provinces centrales

---

(*) Ut nunquàm de alterius lumbis regem in ævo præsumarùnt eligere.

de l'empire, l'histoire de la Bourgogne est peu connue. Régie par des gouverneurs impériaux, inspectée par les *missi dominici*, elle fut pour ainsi dire le noyau autour duquel s'agglomérèrent, chaque année, les royaumes et les duchés qui formèrent l'empire d'Occident. Car alors, comme à l'aurore du XIXe siècle, on vit réunies — sous le sceptre militaire d'un seul homme — les Belgiques, la Germanie, l'Helvétie et les contrées transalpines.

Mais, au temps de Charlemagne comme à l'époque de Napoléon, il existait dans une telle monarchie des causes finales que le génie du conquérant ne peut manquer de découvrir, et que l'orgueil et l'ambition tâchent en vain de se dissimuler. Victimes de l'immense étendue de leurs territoires, les deux empires français d'Occident périrent faute d'homogénéité dans les races qui les composaient. Il était aussi impossible à un successeur de Charlemagne, de tenir enchaînés à son trône les Saxons et les Basques, les Lombards et les Bretons, les Teuskes et les Gallo-Franks, qu'à Napoléon de rester éternellement suzerain de l'Europe continentale, tout en administrant par ses préfets les départements de Rome et des Bouches-du-Weser, de Léman et du Zuyderzée. Dès que le conquérant — dont le glaive avait tracé autour de lui une si large ceinture d'états — descendit dans la tombe ou vacilla sur son trône, son empire se disloqua. Les nations, qui n'étaient retenues dans l'obéissance que par la crainte ou le prestige, voulurent rentrer dans leurs cadres; et, comme les ambitions ne peuvent lutter contre les forces de la nature, la bataille de Fontenay et celle de Waterloo eurent les mêmes conséquences. Le 18 juin 1815, les peuples allemands et leurs alliés en finirent avec le despotisme français et l'unité napoléonienne; le 25 juin 841, les Germains ou Teuskes, unis aux Welskes ou Gallo-Franks, anéantirent les prétentions de Lother à l'unité impériale. Ce prince, en effet, n'avait d'autre but que de rétablir le système politique de Charlemagne en faisant de ses deux frères, les rois Karl-le-Chauve et Hlhodewig-le-Germanique, des vassaux relevant de l'empereur pour leurs parts respectives de l'héritage de leur père commun, Hlhodewig-le-Débonnaire. Ainsi que je l'ai fait entrevoir, la bataille de Fontenay trancha la question de prééminence de l'empire sur les royaumes. Toutefois, il fallut encore de longues années de lutte avant que les peuples confondus par Charlemagne dans un même empire — malgré leurs origines et leurs coutumes différentes — fussent définitivement séparés et constitués en corps de nations indépendantes les unes des autres.

Je revendique — pour la vallée de Fontenay-près-

Chablis et pour la plaine qu'occupe maintenant cette dernière ville — l'honneur d'avoir été le théâtre de cette lutte gigantesque qui décida de l'origine des états modernes d'Occident. Laissons Nithard, fils d'Angilbert, historien du IXe siècle et l'un des héros de la bataille, la raconter dans un latin dégénéré dont voici la traduction :

Hlhodewig (Louis-le-Germanique, qui venait de « forcer le passage du Rhin) et Karl (Charles-le-« Chauve dont l'armée s'était réunie à Châlons-sur-« Marne) joignirent enfin leurs guerriers ; et, dès « leur première entrevue, ils s'entretinrent avec dou-« leur de tout ce que Lother commettait mécham-« ment contre eux et les leurs. — N'osant, par « crainte de Dieu, en venir aux mains avec leur frè-« re, ils lui envoyèrent des messagers pour le con-« jurer de rendre la paix à ses frères et à l'Église de « Dieu, de laisser à chacun ce qui lui était légitime-« ment dû, en vertu du consentement de leur père « commun. — Mais Lother ne tint aucun compte de « ces propositions et les repoussa, faisant dire par ses « envoyés qu'il ne voulait rien terminer sans com-« battre. Il marcha aussitôt au-devant de Pépin (son « neveu, roi d'Aquitaine) qui venait vers lui de ce « pays. Hlhodewig et les siens, instruits de ce qui se « passait, quoique épuisés par la longueur de la

« route, les combats et les autres difficultés, *et sur-
« tout par le manque de chevaux*, se mirent avec ar-
« deur à la poursuite de Lother, aimant mieux mou-
« rir que perdre leur réputation d'hommes coura-
« geux et invincibles. Les deux armées s'étant aper-
« çues, à l'improviste, près de la ville d'Auxerre,
« Lother, craignant que ses frères n'eussent l'inten-
« tion de l'attaquer sans délai, sortit un peu de son
« camp, couvert de ses armes. Ses frères, appre-
« nant ce qu'il faisait, laissèrent à d'autres le soin
« d'établir leur camp, prirent avec eux quelques hom-
« mes armés, et s'avancèrent promptement au-devant
« de lui. Ils s'envoyèrent réciproquement des parle-
« mentaires, et traitèrent de la paix jusqu'à la nuit
« (*). Les deux camps, situés à près de trois lieues
« l'un de l'autre, étaient séparés par un marais de
« peu d'étendue et par un bois : ce qui rendait leur
« accès, de l'un à l'autre, assez difficile. Au lever
« de l'aurore (**), Hlhodewig et Karl envoyèrent des
« messagers à Lother pour lui exprimer leur chagrin
« de ce qu'il ne voulait pas leur accorder la paix. Ce
« dernier, selon sa coutume, promit de répondre par
« ses envoyés ; et, dès que les députés de ses frères
« furent partis, il se remit brusquement en marche,

(*) 21 juin 841.
(**) 22 juin.

« et se dirigea vers *Fontanet*, pour y asseoir son
« camp. Le même jour, ses frères, pressant leur mar-
« che contre lui, *le devancèrent*, et campèrent près
« d'un bourg nommé Tauriac. Le lendemain, (*) les
« armées se préparant au combat, sortirent de leur
« camp. Hlhodewig et Karl envoyèrent de nouveau
« des messagers à Lother, le conjurant de vivre en
« paix et de leur laisser les royaumes que Hlhodewig
« le-Débonnaire leur avait donnés. Ces tentatives de
« conciliation furent vaines. Lother, renforcé par
« l'arrivée de Pépin d'Aquitaine, (**) manda à ses frères
« que le titre d'empereur (Keiser) lui avait été donné
« par une autorité supérieure, et que pour cette rai-
« son la magnificence et la souveraine puissance de-
« vaient l'accompagner. Tout espoir de justice et de
« paix paraissant enlevé, Hlhodewig et Karl firent dire
« à Lother qu'il sût que le lendemain, à la deuxième heu-
« re du jour, ils en viendraient au jugement du Dieu
« tout-puissant. L'empereur, insolent, selon son habi-
« tude, fit répondre qu'on verrait bien ce qu'il savait
« faire. Tout étant ainsi rompu, au point du jour (***),
« Hlhodewig et Karl levèrent leur camp, et occupèrent
« avec le tiers de l'armée, le sommet d'une hauteur

(*) 23 juin.
(**) 24 juin.
(***) 25 juin.

« voisine de Lother. Ils attendirent son arrivée, et, à
« la deuxième heure du jour, comme leurs envoyés
« l'avaient juré, les deux armées étant en présence, un
« grand et rude combat s'engagea sur les bords d'une
« petite rivière de Bourgogne. Hlhodewig et Lother en
« vinrent vaillamment aux mains, dans un lieu nommé
« *Brette,* et là Lother, vaincu, prit la fuite. La por-
« tion de l'armée que Karl attaqua, dans un lieu nom-
« mé *Faï,* s'enfuit aussitôt ; vigoureusement poussé
« par les comtes Adelard et Nithard (l'auteur de ce ré-
« cit) le reste des soldats ne tarda pas à être mis en
« pleine déroute (*). »

Telle est la narration de la bataille. Il s'agit maintenant d'apporter mes preuves pour combattre l'opinion du savant abbé Lebœuf, le premier historien qui
douta que le combat se fût livré à Fontenay-près-Chablis, et prétendit qu'il se donna non pas à Fontenailles, canton de Courson, mais au-delà de Druyes, à
près de trois lieues de ce premier pays. Chacun doit
comprendre tout d'abord combien cette assertion paraît peu vraisemblable, lorsqu'il songe que Nithard
ne dit pas que Lother ait changé son camp de place
depuis le jour où il l'assit à Fontenay, et qu'il ajoute
formellement que ses deux frères, qui l'avaient devancé, revinrent sur leurs pas lui offrir la bataille.

(*) Nithard. lib. II.

Cette remarque faite, j'aborderai aussitôt le point le plus difficile de la question, réservant pour la fin de la discussion les arguments qui me paraissent devoir faire pencher la balance de mon côté. Le 22 juin — dit Nithard — les frères alliés pressant leur marche, devancèrent l'empereur, et campèrent près d'un bourg nommé Tauriacum. J'avouerai franchement que je ne connais, dans les environs de Tonnerre ou de Chablis, aucun village qui ait pu tirer son nom de celui de cette ancienne localité ; mais aussi je ferai observer que le bourg de Tury, regardé par Lebœuf comme le Tauriacum du IXe siècle ne me semble pas être le lieu où dressèrent leurs tentes Hlhodewig et Karl-le-Chauve. Est-il probable, en effet, que ces deux princes, dans le cas où Lother aurait campé à Fontenay auraient commis la faute capitale de le devancer jusqu'à Tauriacum ? Cette manœuvre se comprendrait en considérant ce dernier lieu comme un village ou une simple villa du Tonnerrois; alors ils auraient été sûrs au moins de ne pas se trouver surpris entre deux armées ennemies, imprudente nécessité où les place Lebœuf, qui fixe la position de Tauriacum entre Fontenay, où Lother se préparait au combat, et le fleuve de Loire, que Pépin, son allié, venait de passer à Mœves ou à Pouilly (*). L'impossibilité de

---

(*) Annal. Benedict. T. II, p. 147.

supposer que Hlhodewig et Karl, en voulant couper le chemin à l'empereur, se seraient compromis au point de se laisser bloquer entre l'armée de ce dernier et celle de Pépin qu'ils savaient n'être pas éloignée, empêche donc le bon sens d'admettre que Tauriacum est le Tury de Lebœuf. Il faut se résigner à en faire un hameau du Tonnerrois, qui, depuis mille ans, a bien pu changer de nom, être détruit par les guerres ou abandonné.

Dans la suite de son récit, le petit-fils de Charlemagne (*) rapporte que le combat grand et rude s'engagea sur les bords d'une petite rivière de Bourgogne. Lebœuf n'eut garde de faire remarquer cette circonstance, elle aurait sapé par la base tout l'édifice de ses suppositions. Mieux que nous cependant, cet historien savait que, vers le milieu du IXe siècle, Fontenailles compris dans l'Auxerrois aussi bien que le ruisseau d'Andries qui, selon son interprétation, serait le cours d'eau près duquel Hlhodewig et Karl auraient écrasé Lother et Pépin, ne faisait pas partie de la Bourgogne. Selon les chartes, cette province alors ne comprenait que l'Auxois *Alensis*, le Lassois

---

(*) Nithard descendait de Charlemagne, par Berthe, sa mère, fille de ce monarque qui l'avait mariée au poète tudesque Angilbert, l'Homère de son temps. L'historien de la bataille de Fontenay fut tué, en 858, dans le Ponthieu, qu'il défendait contre les North's mens.

Latiscensis, le Dijonnais *Divionensis,* le pays d'entre Mirebeau et Saint-Jean de Losne *Atoarensis,* la Bresse *Brissia,* la principauté de Dombes *Dombensis,* le Morvan *Murvinnus,* et le Tonnerrois *Tornodorensis.* Des savants m'objecteront peut-être, qu'au commencement du VIe siècle, le ruisseau d'Andries s'appelait le ruisseau des Bourguignons, *rivulus Burgundiorum;* mais je leur rappellerai qu'alors même il n'était pas compris dans la limite bourguignonne qui le laissait sur la gauche, et qu'au milieu du IXe siècle, le *rivulus Burgundiorum* s'appellait *rivulus Andriæ* et ne faisait pas à cette époque, plus qu'auparavant, partie du royaume de Bourgogne. En admettant que ce furent les eaux du Serain que rougit, dans la plaine du *'schabl,* le sang des guerriers des frères rivaux, toute difficulté s'évanouit; et Nithard ne commet plus une faute grossière de géographie, puisque le Serain arrosait l'extrémité ouest du *pagus Tornodorensis.*

Ces objections que je couche aujourd'hui sur le papier, il y a longtemps que, pour la première fois, je les ai opposées, *in petto,* à mon esprit prévenu et incrédule. Je n'osais pas supposer que, dans une telle circonstance, un historien aussi érudit que Lebœuf ait pu émettre une fausse opinion, et laisser supposer — entre autres particularités illogiques —

que la lutte grande et rude, que Nithard dit s'être engagée sur les bords d'une rivière de Bourgogne, se serait livrée entre les collines étroites qui encaissent le petit ruisseau d'Andries, mince cours d'eau que l'ardeur du soleil, au solstice d'été, devait mettre aussi bien à sec, au IX® siècle qu'au XIX®. Je ne voulais pas me persuader que le lieu appelé *Brettœ* par Nithard, où Hlhodewig et l'empereur se mesurèrent, pouvait bien être cette plaine, située à l'ouest de Fontenay, connue sous le nom de *Brettauche* ou *Brettauchée* et dont la terminaison finale rappelle encore une idée belliqueuse. En vain je rappelais à ma mémoire que la vallée de *Vaux-Charmes* qui s'étend au midi de Chablis est désignée dans tous les anciens titres, sous la dénomination de *Vallis Caroli* — *Val de Karl*, — que la route primitive qui unissait Auxerre et Tonnerre s'appelle encore, près de Chablis, la *vo-meurtrie*, c'est-à-dire la *voie meurtrière*; — en vain je trouvais une certaine analogie entre l'ancien nom de *Faïum*, — *Faï* — où Nithard combattit en personne, et ceux plus modernes de *Fyé* et *Fleys*, villages bâtis au sud-est de Fontenay; — je refusais toujours de me rendre. Je ne me laissai convaincre que par le caractère positif des traditions populaires sur la lutte des fils de Louis-le-Pieux—traditions qui ne se retrouvent que dans nos environs. A partir du jour où je les recueillis, je crus avec religion, presque avec opiniâtreté.

C'était par une de ces belles matinées d'automne qu'éclaire encore un soleil d'été. Mêlées aux vapeurs de la nuit, les flammes de l'aurore enveloppaient Chablis d'une nuée lumineuse et dorée. Gravissant lentement la Preuse (la montagne des Preux) qui domine la plaine de Brette, je voyais se dérouler sous mes regards un vaste horizon dont les lignes tantôt douces et tantôt brisées paraissaient couper l'azur du ciel. A ma droite, l'astre roi se levait majestueux de son lit de pourpre et d'or, à ma gauche, les vitres de blanches maisons situées à près d'une lieue de moi, réfléchissaient ses rayons avec un scintillement qui blessait la vue. Au dessus de ces maisons le bois de Beauroi paraissait entouré d'une auréole rosée, tandis que le crépuscule couvrait encore de ses légers voiles la colline des Lys. A mes pieds, comme ces plantes fluviales qui rident la surface des eaux, les hauts peupliers dépassaient la brume de leurs têtes verdâtres et traçaient à perte de vue le cours méandreux du Serain. Fatigué de regarder, je descendis la pente inverse de la montagne; et, après une heure de marche dans un frais vallon embaumé par les légers parfums qui s'échappent le matin des grappes mûries, j'arrivai par un étroit sentier, coupé de mille sources

CHAPITRE I.

d'eau vive, près de l'église de Fontenay (*Fontanetum*) le pays des fontaines. Un vieillard entrait dans le temple rustique; je l'y suivis. Le villageois trempa l'extrémité de ses doigts dans le bénitier; et, comme s'il eût voulu me faire les honneurs du saint lieu, il m'offrit de l'eau lustrale avec une douce aménité. Quand je l'eus remercié, il alla s'agenouiller près d'une pierre rectangulaire, fixée à la muraille par quatre crampons de fer, où je déchiffrai avidemment l'inscription suivante :

HIC VBI STAS LECTOR
FONTANETVM EST VBI QVIS NON SEMEL
FERRO AVT FATO CECIDIT
TRES QVIPPE FILII LVDOVICI PII IMPERATORIS
MARTE MVTVO GALLICVM ROBVR
ABSVMPSERVNT
AD VII KALEND IVLIAS ANNO DCCCXLI

Je lisais encore quand je sentis une main se poser sur mon épaule. C'était celle du vieillard, qui, avec la curiosité naturelle à son âge, venait m'interroger sur ce qu'il y avait d'écrit sur cette pierre. Au lieu de répondre à ses questions, je lui demandai s'il pensait que l'origine de Fontenay remontât à une haute antiquité. — Le brave homme ne me comprit pas ; j'avais employé des termes trop prétentieux. — Quoique je susse fort bien que Fontenay existait dès les dernier tiers du VIII⁰ siècle, (*) je mis ma demande à portée de l'intelligence du villageois ; — « Combien y a-t-il de temps que Charlemagne est mort ! » reprit-il en me regardant fixement. — « Mille ans ! » dis-je au hasard. — « Hé bien, il y a plus de mille ans que Fontenay est Fontenay. » — « Et pourquoi ? » — Ce pourquoi m'abaissa de plusieurs degrés dans l'estime et la considération de mon professeur d'histoire. — « Parce que Charlemagne y gagna une grande bataille ! » s'écria le vieillard avec un enthousiasme qui semblait avoir oublié le lieu où nous nous trouvions. — « Qui vous a dit cela ? » ajoutai-je impertubablement. — Ma question resta sans réponse, les yeux du villageois se fixèrent sur moi comme si je fus revenu de l'autre monde, ses lèvres même trahirent un sourire de mépris à mon adresse. J'osai répéter : « Qui vous a dit cela ? » — « Mon père ! » dit enfin le vieillard. — « Et à votre père ? » — Mon grand père ! » — Et à votre grand-père ? » son père ! — Je n'en demandai pas davantage, la lumière de la tradition m'avait éclairé.

(*) Voir Lebœuf, Hist. Eccles., page 171. Selon cet historien, le vénérable Maurin, trente-deuxième évêque d'Auxerre, donna, en 777, à Saint-Etienne, son église cathédrale, les terres qu'il possédait en Tonnerrois, près du village de *Fontenay*. Ces biens cédés, à un laïque, au XVI⁰ siècle, et érigés en commanderie, ont été vendus par parcelles, en 1792. Le territoire qu'ils occupaient s'appelle encore à présent la *Commanderie*.

Tous ceux qui — comme moi — iront lire l'inscription et interroger les habitants de Fontenay se rangeront de mon avis. — Le style des lettres de l'épitaphe me paraît remonter au règne de Louis XII. Ce sont les souvenirs de la vallée, rajeunis de quatre siècles, gravés sur la pierre. Mais, supposition faite que cette inscription si précise, qui rapporte aussi exactement la date de la défaite de l'empereur Lother, — le VIIe jour avant les kalendes de juillet 841 — ne reposât pas sur les récits des anciens du village et qu'elle eut été enfouie sous l'herbe par quelque seigneur ou curé du lieu, jaloux de conserver à sa paroisse, la renommée de cette bataille ; qui refusera de croire aux naïves traditions belliqueuses qui se sont perpétuées d'âge en âge dans le village ? La totalité de ses habitants sait qu'il se livra un grand combat près de leur pays ; mais ils ignorent en quel temps. Seuls, les plus savants, d'après cette habitude populaire qui rattache toujours les grands faits aux grands noms — ou plutôt parcequ'ils ont entendu prononcer par leurs aïeux racontant la bataille le nom de Charlemagne—regardent ce monarque comme le héros de la journée. Ces souvenirs historiques qui, sous le large manteau des cheminées, se transmettent à Fontenay de générations en générations, me semblent une des bases les plus solides de l'opinion que j'ai avancée. L'inscription du XVIᵉ siècle placée dans l'église témoigne de l'antiquité de ces traditions, et démontre qu'elles ne sont pas de la veille.

L'erreur de Lebœuf — qui regarde la plaine de Druyes en Avalonnais comme le théâtre de la lutte de Hlhodewig et de Karl contre Lother—s'est glissée dans toutes les histoires modernes des Français. On ne doit pas s'en étonner : les auteurs ont tous dans leurs récits suivi volontiers l'opinion d'un homme d'une grande importance historique; ils ne connaissaient ni le pays, ni les traditions, et d'ailleurs, ils n'avaient aucun intérêt direct à prouver que la bataille s'était livrée dans un lieu plutôt que dans un autre. Je serai heureux si dès aujourd'hui cette dissertation incomplète sur la bataille de Fontenay peut ranger de mon avis quelques personnes indécises, et si plus tard quelque plume plus habile que la mienne veut bien employer son talent à redresser l'erreur générale. Je n'ose me flatter de cette espérance; mais du moins, je suis libre d'exprimer ce vœu : puisse un jour un Augustin Thierry ou un Simonde de Sismondi écrire dans son histoire : C'est le 25 juin 841, dans la plaine de Chablis et la vallée de Fontenay en Tonnerrois, que s'est livrée cette fameuse bataille qui trancha la question de la prééminence de l'empire sur les royaumes et créa l'avenir des peuples d'occident.

Les grands résultats politiques de la bataille de Fontenay furent le traité et le partage de Verdun. Ouï le rapport des 110 commissaires envoyés dans toutes les régions de l'empire pour en constater l'étendue et la richesse, les trois frères divisèrent en trois états la monarchie Karolingienne. Toute la partie de la Gaule située à l'ouest de l'Escaut, de la Meuse, de la Saône et du Rhône avec le nord de l'Espagne jusqu'à l'Ebre, forma le royaume de France que régit Karl-le-Chauve. Les pays de langue Teutonique jusqu'au Rhin et aux Alpes, furent donnés Hlhodewig. Lother réunit à l'Italie la portion orientale de la Gaule comprise, au sud, entre le Rhône et les Alpes, au nord, entre le Rhin, la Meuse et l'Escaut jusqu'à l'embouchure de ces fleuves. Ce dernier royaume s'appela Lotheringie du nom de son possesseur. Mais les nouveaux états, à l'exception de celui de Hlhodewig, n'étaient pas encore constitués d'après les dispositions géographiques et les caractères des différents peuples qui les composaient. Il en résulta de sanglantes guerres qui durèrent 45 ans. Ce fut seulement en 888 que les différentes races, que n'avaient pu fondre la conquête de Karl Ier, se trouvèrent définitivement séparées selon l'idiôme et la descendance.

La Lotheringie donna naissance à quatre royaumes: la Bourgogne supérieure ou transjurane, la Bourgogne inférieure ou Cisjurane, la Lorraine et l'Italie. Les peuples de la Gaule situés entre la Loire et les Pyrénées formèrent l'état d'Aquitaine dont Poitiers fut la capitale. La Bretagne se constitua en duché indépendant. Quant à la France proprement dite, elle eut pour bornes la Loire, la Saône, la Meuse, la Manche et les frontières armoricaines.

J'ai signalé ces deux démembrements — conséquences directes de la bataille de Fontenay — pour en faire comprendre toute l'importance et rehausser aux yeux de tous l'honneur du pays qui en fut le théâtre. Il me reste, après en avoir indiqué les grands résultats politiques et sociaux qui sont du domaine de l'histoire générale, à en raconter les suites d'un intérêt historique secondaire, il est vrai, mais plus en harmonie avec mon sujet. Elles feront partie du chapitre suivant et m'aideront peut-être à éclairer l'origine de Chablis, maintenant que le lecteur connaît les diverses puissances politiques qui dominèrent sur le coin de terre où il fut fondé.

CHAPITRE II.

Chablis au berceau. — Le régime féodal.

> Pour décider de la fondation d'une ville, il suffit d'un souvenir ou d'un concours de circonstances extraordinaires. WALTER SCOTT.
>
> On donnera à tous ceux qui ont déjà, et ils seront comblés de biens;
> Mais, pour celui qui n'a point, on lui ôtera même ce qu'il semble avoir.
> Car la terre sera couverte des ténèbres de l'ignorance…. Et les maitres ne compteront plus leurs esclaves. NOUVEAU TESTAMENT.

Commencements de Chablis. Ses premiers habitants. Argumentation. — Karl-le-Chauve inféode Chablis à Saint-Martin de Tours. Acte de cette investiture. — Ravages des North's mens. — Siége de Tours. — Translation des cendres de Saint-Martin. Description du tombeau de ce saint. Son transfèrement à Chablis. Episode. — Administration cléricale de Chablis. Le chapitre et le prévôt. Chartes des rois Karolingiens. — Coup d'œil sur la société au moyen-âge. Envahissements de l'aristocratie. Avilissement du peuple. — La féodalité ecclésiastique. Sort de ses vassaux de Chablis. — Origine des advoueries. — Les successeurs de Charlemagne advoués de Saint-Martin. — Chute de la seconde dynastie. — Advouerie des comtes de Champagne. Priviléges de ces seigneurs à Chablis. — Bases de la propriété féodale. Droits seigneuriaux de la collégiale de Saint-Martin de Chablis et de son prévôt. — La lèpre et les lépreux. — La Maladière. Dévouements sublimes. — Fondation des églises Saint-Martin, Saint-Pierre et Saint-Cosmé. — Pélerinage archéologique. Descriptions et réflexions. — Sainte-Marie-de-Charlemagne. Souvenirs de 93. — Coutume de sonner la cloche en temps d'orage.

Lorsqu'ils virent l'armée de leur frère en déroute, Hlhodewig et Karl défendirent à leurs soldats de poursuivre l'empereur trahi par son ambition. Remplis de cette terreur naïve qu'inspirait alors la religion, les vainqueurs redoutaient qu'au jour de l'éternité Dieu ne leur demanda compte des flots de sang répandus. Peut-être aussi que leurs troupes, fatiguées par le carnage, laissaient tomber, sur la terre sanglante, leurs armes émoussées. — Des chroniqueurs du XIVe et du XVe siécle affirment que cent mille guerriers demeurèrent sans vie sur le champ de bataille de Fontenay. Avec la plupart des historiens modernes, je suis loin de croire qu'un aussi grand nombre d'hommes périrent victimes des injustes projets de Lother.

Si, pour céler à ses contemporains et à la postérité les terribles conséquences de la lutte fratricide de ses cousins, Nithard, le seul historien qui put sciemment évaluer les pertes des deux armées, reste muet sur ce sujet, il a soin, pour réhabiliter les vainqueurs dans l'opinion nationale, de ne pas nous laisser ignorer les détails suivants : « Le jour de la bataille, dit-
« il (*), vers midi, les deux frères résolurent de passer
« le lendemain dimanche sur le champ de la mêlée.
« Ils y entendirent la messe; ensuite ils enterrèrent
« également amis et ennemis, fidèles et traîtres, et
« soignèrent, avec les plus grands égards, tous les
« blessés. » Les illustres moines de Saint-Maur ajou-

(*) Nithard. lib. III.

tent formellement qu'un monastère fut fondé sur le lieu du combat.

Cette dernière assertion, le récit de Nithard corroboré par d'anciennes traditions locales qui attribuent à Karl-le-Chauve la fondation du premier monastère de Chablis et de l'église Sainte-Marie, dite depuis de Charlemagne, semblent — à mon avis — soulever un coin du voile qui enveloppe dans ses replis épais l'origine de mon pays.

Cela dit, je confesserai humblement que les commencements de Chablis ne peuvent pas remonter au-delà de la bataille de Fontenay. Je ne rougis pas d'avouer que ma ville natale n'a ainsi que *mille ans* d'existence : car je ne suis pas de ces historiographes qui se persuadent qu'il y va de leur honneur et de leur mérite d'entasser paradoxes sur paradoxes, pour laisser entendre que la cité dont ils écrivent l'histoire n'eut, pour ainsi dire, pas de commencement, tant son antiquité se perd dans la suite des temps fabuleux. Je n'ai jamais aimé que la vérité ; et, lorsqu'il m'est impossible de la découvrir parfaitement, je m'attache toujours à la vraisemblance.

Or, on se rappelle l'argumentation développée dans le chapitre précédent et qui tend à établir en principe qu'il est impossible d'attribuer la fondation de Chablis : 1° aux Celtes ; 2° aux Gallo-Romains ;

3° aux Gallo-Franks. Par conséquent, il faudra donc conclure avec moi que son origine est contemporaine du IXe siécle, si les raisons sur lesquelles je vais appuyer cette opinion paraissent vraisemblables sinon certaines, concilient ce qui est avéré et reconnu avec ce qui est hypothétique et contestable, et enfin ne donnent aucune prise au levier d'une logique contradictoire qui s'efforcerait de démolir, pierre par pierre, l'édifice de mon raisonnement, pour démontrer qu'il ne repose sur aucune base.

On lit dans les annales de Metz : « Le 27 juin, les « frères vainqueurs levèrent leur camp de bonne heure « pour surveiller Lother et se rendre au concile qu'ils « avaient convoqué. Mais voulant assurer les se- « cours que réclamaient leurs blessures aux malades « incapables d'être transportés, ils laissèrent, avec « quelques hommes valides, des tentes sur le champ « de bataille. » Selon toute propabilité, ces hôpitaux improvisés dans la plaine du *'schabl* devinrent, à proprement parler, le noyau autour duquel se groupèrent les autres demeures qui, dans la suite, formèrent la ville du *'schabl, villa Cableiæ* — maintenant *Chablis* — Et, en effet, paraît-il anti-rationel de croire que beaucoup des blessés de la bataille, las de la vie des camps, aient mieux aimé demeurer dans la plaine témoin de leurs exploits que retourner dans leurs demeures éloignées, cultiver une terre fertilisée par le sang de vingt peuples que défricher les âpres forêts de la Germanie. Je n'en veux donner pour preuve que les premiers noms d'habitants que l'on rencontre dans les anciennes notices sur Chablis : la plupart appartiennent à la famille des dénominations tudesques ; ce sont : Gawder (1), Kara (2), Rather (3), Wouthard (4), Segwin (5), Peteten (6), Regnalden (7), Subrikgen (8), Hermen (9), Kowter (10) Oden (11), Kerwaw (12), Makx (13), etc... tous bourgeois, ayant pignon sur rue, descendant assurément des anciens soldats de Hlhodewig ou de Lother, et qui conservèrent toujours leur liberté de premiers occupants, l'énergie et la fierté germaines.

Selon les notes de M. Boucher, ancien maire de Chablis, les colons militaires de la plaine du *schabl* ne tardèrent pas à voir leur nombre grossi par ceux des gens sans feu ni lieu qui vinrent visiter le champ de bataille de Fontenay et y bâtir des habitations; de sorte que, en peu d'années, une population nombreuse et animée s'agita sur cette terre dont le sein renfermait tant de cadavres.

(*) 1 Gaudier. — 2. Surnom assez commun à Chablis, dans le XVIe siècle. — 3. Rathier. — 4. Houtard. — 5. Seguin. — 6. Famille éteinte. — 7. Renaud ou Renaudin. — 8. Famille éteinte. — 9 Famille encore existante au XVIIe siècle. — 10. Coutier. — 11 Famille éteinte. — 12. Cerveau. — 13. Maces.

Comme celle de l'ancienne Rome et de la capitale de l'Artois, Arras, qui doit son origine au concours des peuples attirés par leur piété au tombeau de St. Waast, la population primitive de Chablis paraît donc avoir été composée d'éléments hétérogènes, d'individus appartenant à vingt races différentes. Mais ce qui décida surtout de l'existence et de l'accroissement de la nouvelle bourgade fut la fondation de l'église Sainte-Marie, propriété de l'empereur, et du monastère de Saint-Loup, par Karl-le-Chauve. Cette dernière maison religieuse devint, pour ainsi dire, le *sacrum* où accoururent se mettre à l'abri des empiétements liberticides les familles rurales d'alentour, auxquelles l'aristocratie forgeait des fers en silence.

Toutes ces phrases ne sont pas hypothétiques; je les écris, les yeux fixés sur les traditions recueillies, au siécle dernier, par MM. Boucher et Chamon de Chessimont, l'un maire, l'autre seigneur engagiste de Chablis. Ces précieux souvenirs, rassemblés sur des feuilles rongées dont quelques-unes ont plus de trois cents ans de date, sont conformes aux affirmations implicites de la Gallia Christiana et des in-folio de Sainte-Marthe; ils appliquent, d'une manière frappante, à la plaine du '*schabl*, les assertions énoncées en général dans ces diverses autorités historiques. Après avoir comparé les textes, on ne doute nullement que

Ste-Marie de Chablis fut une des trois églises bâties, d'après les frères de Sainte-Marthe, par Karl-le-Chauve, en expiation du carnage de Fontenay, et que le monastère de Saint-Loup fut bien celui dont les moines de Saint-Maur attribuent la fondation au même monarque. Puis, lorsqu'on s'est rendu à cette première évidence, tous les récits populaires, qui, au commencement du chapitre précédent, paraissent si invraisemblables, sont surpris en flagrant délit d'authenticité ; on s'étonne de reconnaître le vrai caché sous l'apparence de la naïveté légendaire ; et, en même temps, on ressent un secret plaisir d'expliquer comment, à l'époque où Karl-le-Chauve les donna à St. Martin de Tours, le monastère de Saint-Loup et l'église de Sainte-Marie de Chablis pouvaient relever immédiatement du fisc royal, difficulté que M. Quantin s'est en vain efforcé de trancher.

Je le répéterai : puisque, en bonne logique, nous ne pouvons faire remonter l'origine de Chablis ni aux Celtes ni aux Gallo-Franks, attribuons-la aux blessés de Fontenay, à ceux qui vinrent visiter les lieux de la bataille, et surtout aux monuments qu'y éleva Karl-le-Chauve. Nous accorderons ainsi toutes ces traditions locales avec les textes dont l'authenticité n'est pas contestée, nous partagerons l'avis des chanoines de Saint-Martin et de D. Martenne, nous réfuterons toutes les objections prêtes à entraver notre marche, telles que le silence des historiens sur notre pays et l'étymologie de son nom. Que pouvons-nous désirer de plus? Pour ma part, je jure que mon ambition d'historiographe ne s'étend pas au-delà. Aussi, que j'aie rallié ou non des partisans à ma croyance, dès à présent je quitte le domaine sans bornes de la discussion pour entrer enfin dans le champ-clos de l'histoire véritable.

Le mois de décembre 867 expirait dans les frimas. — Karl-le-Chauve, alors âgé de 45 ans, vint célébrer les fêtes de Noël à l'abbaye de Saint-Germain d'Auxerre, où son petit-fils, Lother, était mort deux ans auparavant. Hugo, abbé de Saint-Martin de Tours, réfugié sur les rives de l'Yonne avec les cendres de son illustre patron, supplia le monarque frank de lui accorder quelque bienfait. Plein de vénération pour saint Martin (*), le protecteur des armes natio-

---

(*) Depuis la mort de Dioclétien, l'Église jouissait d'une paix profonde, lorsque saint Martin, dit Grégoire de Tours (1), naquit à Sabarie, ville de Pannonie, la onzième année du règne de Constantin. Ses parents étaient idolâtres, mais de race noble. Florus, son père, tribun des soldats, eut à subir des vexations de la part des empereurs. Lorsque Constance prit la pourpre, le jeune Martin vint à Bysance, vivement recommandé au nouveau monarque. Ce dernier le retint d'abord près de lui; ensuite il l'envoya, avec Julien, dans les Gaules, pour y faire ses premières armes (2). Martin, alors âgé de quinze

(1) Lib. I. Cap. XXXIV.
(2) Hist. sept. Dom. Cap. I, II, III.

nales, le propagateur de la religion et de la civilisation chrétiennes dans les Gaules, l'empereur Karl fit don à l'abbé fugitif du petit monastère de Chablis, situé sur les bords du Serain et relevant immédiatement du fisc royal. Voici, traduite en Français, la charte authentique de cette donation :

« Au nom de la sainte et indivisible Trinité, KARL,
« par la grâce de Dieu, roi etc.... A tous les fidèles

ans, se distingua tellement contre les barbares, qu'il ne tarda pas à être attaché à la propre personne de son général. — Mais c'était trop peu, pour le fils de Florus, des lauriers militaires ; Dieu en lui réservant l'auréole de saint, le couvrit d'une plus grande gloire. Après sa conversion, Martin quitta le glaive pour la croix, la cuirasse pour le cilice et la coule. L'intrépide défenseur de l'empire devint un des plus fermes soldats du Christ. D'abord, il fonda un monastère à Milan. Mais ayant voulu confesser en public le mystère de la Sainte-Trinité, il fut chassé d'Italie par les Ariens. La Gaule reçut le proscrit. Bientôt, à sa voix apostolique, les peuples se convertirent, les temples et les statues des faux dieux croulèrent dans la poussière, et à son ordre, les morts sortirent vivants de leurs tombeaux (3). Pleins d'admiration pour la piété, les vertus, les miracles de cet ardent confesseur de la foi, les chrétiens de la Touraine l'appelèrent à l'épiscopat, pour succéder à Litorius, la huitième année du règne de Valentinien. Le nouvel évêque, tout en s'occupant des affaires de son diocèse, continua de porter partout les lumières de la religion. Son éloquence évangélique attira chaque jour, au sein de l'église, de nouveaux prosélytes. Ce fut véritablement le plus grand apôtre de la Gaule chrétienne. Il mourut à Candes, ville de son diocèse, la deuxième année du règne d'Arcade et d'Honorius (4). Saint Martin était âgé de 81 ans, et depuis 26 il remplissait les fonctions épiscopales, quand son âme, se détachant des misères du siècle, s'enfuit dans le sein du Christ (5).

(3) Greg. Tur. Lib. X, Cap. II et III.
(4) 11 novembre.
(5) Greg, Tur. Lib. I. Cap. XLIII.

« de la sainte Église de Dieu, présents et à venir,
« nous faisons savoir que, pour l'amour du Seigneur,
« et afin de rendre hommage au bienheureux Saint-
« Martin de Tours, illustre confesseur et pontife, en
« souvenir de notre père Hlhodewig, sérénissime Au-
« guste, dans le but de faire une aumône profitable à
« notre personne, à notre épouse, la glorieuse reine
« Herminstrude, ainsi qu'à notre famille, il a plu à
« notre Sérénité de gratifier l'illustre et bienheureux
« Saint Martin, confesseur et pontife, pour l'usage de
« ses clercs, d'un certain monastère —*quamdam cel-*
« *lam*—du nom de Chablis, situé dans le Tonnerrois,
« sur la rivière du Serain et dédié à saint Loup.... A la
« donation confirmée dudit monastère, nous ajoutons
« celle de toutes ses dépendances, tant dans le *pagus*
« de Tonnerre que dans ceux d'Avallon et d'Autun,
« tant sur le territoire des villes de Nériniac et d'Ul-
« tisiac que sur celui de Guisio et des autres qui lui
« appartiennent en tout ou en partie, avec les églises,
« les édifices, les maisons, les vignes et les forêts, les
» prés, les pâtis, les rivières et les cours d'eau, les
« moulins et les esclaves de l'un et l'autre sexe ha-
« bitans sur lesdites terres... Aucun régisseur de la
« congrégation de Saint-Martin de Tours ne pourra
« changer les conditions auxquelles nous constituons
« ladite congrégation propriétaire, c'est-à-dire que, à

« perpétuité et tous les jours, pour l'absolution des
« péchés de notre père, de notre mère, de notre épouse
« et de nos enfants, les moines acceptans, devront
« implorer la miséricorde divine, et, dans l'ordre re-
« çu, chanter tous les jours, à la fin de chaque heure
« canoniale, un des sept psaumes de la pénitence
« avec trois capitules et une collecte. Pour garantir à
« cette charte une autorité éternelle, inviolable, nous
« l'avons signée de nos propres mains et avons or-
« donné d'y apposer notre sceau.

« *Signé :* KARL, roi, et FROTKER, notaire.

« Donné le VIe jour avant les kalendes de Janvier, la
« XXVIIIe année du règne du très glorieux roi Karl.
« Fait au monastère de Saint-Germain-d'Auxerre, *in*
« *Dei nomine. Amen.* »

Dix ans après l'inféodation du monastère de Saint-Loup et du bourg qui en dépendait, à Saint-Martin de Tours, les moines de cette abbaye, en 877, transportèrent, d'Auxerre à Chablis, le corps de leur illustre patron. Un tombeau d'or et d'argent alliés renfermait entre ses parois sans soudure ni ouverture et de plus de deux doigts d'épaisseur, les restes précieux de saint Martin. Une châsse, d'or massif, ciselée par saint Éloi, recouvrait ce tombeau, et des pierreries d'un prix inestimable en rehaussaient encore la richesse et le splendide éclat (*).

C'est la célébrité universelle de cette châsse qui fut cause que les moines de Tours transportèrent dans nos murs les reliques sacrées du *restaurateur* de la civilisation gauloise. Elles dormaient depuis cinq cents ans, sur les bords de la Loire, du sommeil de l'Éternité, quand les Norths'mens, arrière-garde des barbares du Nord, vinrent troubler leur repos glorieux.

Ecoutons parler tantôt Eginhard, tantôt l'Anonyme :

En ce temps-là, disent-ils, le dernier flux des nations scandinaves se précipita sur la France. La terreur régna bientôt sur les rivages de l'Océan, de l'embouchure de l'Escaut à celle de l'Adour. On connaissait les Norths' mens pour des pirates avides et incendiaires, ne respirant que le meurtre et le pillage. Dans ces hommes gigantesques, nés sur les glaçons de la Baltique, Charlemagne avait prévu pour ses descendants des ennemis redoutables. Quoique, en présence de ses officiers, l'empereur affectât de plaisanter sur le compte de ces barbares et de les appeler *singes*, ils inspiraient au grand monarque de terribles appréhensions pour l'avenir. Nous savons si ces craintes étaient

---

(*) Add. et emen. in Notis Greg. Tur. 55 §§ 2 et 3.

fondées. Lorsqu'ils ne harcelaient pas les côtes mêmes de la Manche ou de l'Adriatique, les North s'mens, à l'aide de légers bateaux d'osier, appelés *chevaux à voiles* par les contemporains, remontaient tous les fleuves de France, débarquaient à l'improviste sur l'une ou l'autre rive, et n'y laissaient que la ruine et la désolation. La renommée de la châsse de saint Martin les attira souvent jusqu'au cœur de la France. Jamais cependant les nouveaux Argonautes ne réussirent à conquérir la moderne Toison d'or. Le génie de la France veillait sur les ossements de son premier apôtre. Une fois, entre autres, qu'une nombreuse flottille de ces pirates mouillait en vue de Tours, une crue subite des eaux de la Loire sauva la ville, surprise sans défense, d'une destruction certaine, et les reliques du saint populaire, de la rage des profanateurs. Furieux de se voir combattre par la nature et ses éléments, les North s'mens, excités par une insatiable cupidité et une ardente soif de désastres, pillèrent et réduisirent en cendres, dans cette même expédition, le magnifique cloître de Marmoutiers.

Les chroniqueurs fixent ce déplorable événement à la fin de septembre 853. Dès le printemps suivant, dans la crainte de voir leurs ennemis revenir en plus grand nombre et plus avides de vengeance, les moines de Saint-Martin de Tours abandonnèrent leur abbaye. Avec eux, ils eurent soin d'emporter le précieux tombeau, cause de leur exil. Entourées des plus grands honneurs, les reliques fugitives reposèrent d'abord à Orléans, puis à Auxerre, pendant vingt-deux ans. Mais, en 877, les North s'mens menaçant la ville des Amatre et des Germain, le corps de saint Martin fut transféré, secrètement, dans le monastère de Chablis. Cette dernière retraite, inconnue aux envahisseurs, située sur une rivière non navigable, à cinq lieues de l'Yonne, échappa aux investigations des brigands scandinaves. Ce ne fut qu'en 887, lorsque les derniers torrents du nord eurent fermé leurs écluses, que les religieux reportèrent les reliques de St. Martin, en grande pompe, de Chablis à Saint-Germain d'Auxerre.

De retour dans cette dernière abbaye, la congrégation errante assista aux funérailles de l'évêque Wibald; puis elle manifesta l'intention de rendre à la Touraine les cendres de son saint vénéré. Les Auxerrois résolurent d'empêcher ce nouveau transfèrement. Quel fut le motif de leur conduite? Assurément, il ne faut pas l'attribuer à la cupidité ni au désir de posséder la précieuse châsse et ses riches ornements. On doit plutôt en accuser le fanatisme matérialiste qui animait les populations chrétiennes à cette époque. C'est, je n'en doute pas, cette espèce de superstition attachée à l'extérieur du culte qui poussa les Auxerrois à ne pas se faire un scrupule de violer les droits de l'hospitalité, le respect dû au malheur et la propriété des moines, pour retenir dans leurs murs le corps d'un apôtre aussi célèbre que Martin de Tours. Dans cette extrémité, il se passa un évènement qui n'a point d'exemple dans l'histoire, mais, qui caractérise bien l'époque où nous nous trouvons. Six cents Tourangeaux, armés de pied en cap, vinrent, sous les murs d'Auxerre, sommer les habitants de rendre la châsse et les reliques usurpées, menaçant, en cas de refus, de mettre la ville à feu et à sang. Les Auxerrois effrayés s'exécutèrent d'assez bonne grâce, et depuis ce temps, les chapitres de Saint-Germain et de Saint-Martin vécurent en une espèce de confraternité.

Ce fut sans doute pendant que la congrégation-mère de Saint-Martin de Tours fut refugiée à Chablis, qu'elle organisa l'administration temporelle et spirituelle de sa nouvelle succursale. Dès lors, l'ancienne *cella* de Saint-Loup prit le nom de l'illustre évêque qu'elle avait protégé dix ans contre l'impiété et l'avidité des Norths'mens. Troisième fille de Saint-Martin de Tours, elle reçut dans son sein une collégiale de douze chanoines, à la tête desquels on plaça un prévot — *præpositus* — chargé en même temps de la haute administration spirituelle, de la comptabilité générale et de la justice. Outre les revenus que la collégiale pouvait retirer des dîmes et tailles de toute espèce imposées aux habitants, l'église-mère lui attribua encore une partie des domaines qu'elle possédait à Chablis. Le prévôt dut régir pour la métropole le reste des biens dont elle se réserva exclusivement la propriété.

Dès cette époque reculée, les rois de France couvraient Chablis de leur protection. A l'ombre de la monarchie, la ville grandit insensiblement. Souvent la sollicitude des successeurs de Karl-le-Chauve se tourna vers notre terre natale. Le chapitre de Saint-Martin de Tours sut habilement exploiter cette bienveillance. Il est facile de s'en convaincre par les deux préceptes suivants, donnés par Karl-le-Simple, le premier en 902, le second en 919 :

« Au nom de la sainte et indivisible Trinité, KARL, par la miséricorde de Dieu tout-puissant, roi des Franks.... Par tous les moyens possibles, nous désirons faire savoir à tous les serviteurs du Christ, présents et à venir, que..... nous avons reconnu appartenir à la congrégation de Saint-Martin de Tours et placé à perpétuité sous la sauve-garde de notre protection, les terres et les villas dont les noms suivent : D'abord Lugolatus... ensuite Belnacus... ainsi que le bourg de Chablis, dans le pagus de Tonnerre, où la congrégation possède un monastère qui abrita autrefois le corps de Saint Martin... et enfin la villa Comisiaca et toutes les terres qui en dépendent....... Pour assurer les rois nos successeurs et le reste des enfants de l'Église de Dieu de l'authenticité de cette charte, nous l'avons signée de notre propre main et avons ordonné de la sceller de notre anneau.

Signé : KARL.

Donné le IIe jour avant les kalendes de mai, la XIe année du règne du très pieux roi susdit. »

« Au nom de la très sainte et indivisible Trinité, KARL, par la miséricorde de Dieu tout-puissant, roi des Franks..... A la prière de notre fidèle Robert, abbé de l'illustre communauté et de la basilique du bienheureux Saint Martin, confesseur du Christ, nous reconnaissons à ladite communauté, la propriété immuable d'abord de Lugolotus et de toutes ses églises... puis du bourg de Chablis en Tonnerrois, avec le monastère où ont reposé les cendres errantes de Saint Martin, la villa Comisiaca, l'église et toutes ses dépendances.... Afin que les rois nos successeurs ne doutent pas que cette charte ne soit notre ouvrage et pour lui assurer une inviolable autorité nous l'avons signée de notre propre main et avons ordonné de la sceller de notre anneau. Mais en reconnaissance de notre bienfait, nous désirons que, la veille de la fête de Sainte Agnès, qui tombe le Vᵉ jour avant les kalendes de janvier, anniversaire de notre avènement au trône, nos frères de Saint-Martin de Tours prient pour notre personne, devant le sépulcre de leur glorieux patron, pendant tout le temps de notre règne. Lorsque nous ne serons plus, les prières se diront le jour de l'anniversaire de notre mort, et aux ides de février, pour le repos de l'ame de Friderune, autrefois notre épouse, décédée à cette dernière date.

Signé : KARL.

Donné en notre royal palais d'Héristall, le Vᵉ jour avant les kalendes de juillet, l'an XXIIᵉ de notre règne.... Ainsi soit-il. »

Cependant l'humanité reculait : ce n'étaient pas quelques brigands titrés qui s'étaient inféodé l'Occident, mais le despotisme, la superstition, l'ignorance et l'abrutissement. Le Xᵉ siècle devait être à l'affreux régime de la vassalité ce que le XVIIᵉ fut à monarchie absolue, c'est-à-dire son incarnation ; — si toutefois, l'on peut comparer un vaste état, régi par un roi tout-puissant qui avait intérêt à la prospérité générale, avec une infinité de petites tyrannies où il n'y avait qu'un seigneur et des esclaves que le maître devait nécessairement exploiter le plus possible pour satisfaire lui-même à certaines obligations hiérarchiques. Pendant toute la période fatale du Xe âge, les contemporains ne nous ont transmis que peu de renseignements sur notre histoire. J'ai trouvé cependant dans les notes de M. Boucher, quelques citations de chartes relatives aux habitants et manans du fief et signées par les rois Raoul, Lother et Hugues Capet. Autant que j'ai pu en juger d'après ces documents et l'examen de la société féodale sous les derniers Karolingiens, tel fut, à cette époque barbare, l'état de la ville de Chablis :

La population locale se divisait en trois classes : les hommes libres, les tenanciers de Saint-Martin, les serfs. Les hommes libres, propriétaires de biens qu'ils régissaient à volonté, descendaient pour la plupart des premiers occupans. Nombreuse dans le principe, cette classe d'habitants ne tarda pas à se trouver réduite à des proportions presque nulles par suite des envahissements du suzerain. Les tenanciers de Saint-Martin n'étaient le plus souvent propriétaires que leur individu. Ils payaient au prévôt du chapitre la redevance de leurs tenûres. Quelques-uns, avec le temps, devinrent possesseurs directs ; et alors ils reçurent le nom de bourgeois, *burgenses*. Ce furent ces réhabilités du vasselage qui organisèrent contre le chapitre les insurrections du XIIIe siècle. —Les serfs proprement dits naissaient, vivaient, mouraient esclaves et liges. — Placés sous une autorité arbitraire et sans contrôle, justiciables de haut et de bas par le prévôt, taillables à merci, attachés à la glèbe qu'ils cultivaient, plus à plaindre que le bœuf ou l'âne qui les aidaient dans leurs travaux, les serfs constituaient pour le seigneur, une propriété réelle, susceptible de vente, d'échange, de donation. Ils ne différaient des choses matérielles, terres, arbres, maisons, que par le mouvement, des animaux, que par la faculté de penser sans avoir le droit d'exprimer tout ce qui se passait dans leur âme paralysée dans ses facultés, d'exhaler des plaintes, de former des vœux. Parias de la féodalité, défense leur était faite de se marier et de se reproduire sans en avoir acheté le droit ou obtenu la permission. Ils jouissaient d'une seule liberté, celle de mourir de faim.

Lorsque je songe que nos pères ont été réduits à cet état d'ilotisme abject, je sens la rougeur me monter au front...; est-ce honte ? est-ce colère ? je l'ignore : on n'analyse pas de tels sentiments. Indocile à la pensée, ma plume se refuse de tracer cet effrayant tableau d'un bourg déjà populeux au-dessus duquel planent la peur et la tyrannie, où, au milieu de ténèbres palpables, on voit se détacher l'angle d'un gibet, la courbe d'un fouet, les anneaux d'une chaîne, et les vastes côtés du coffre de la gabelle, percé au fond comme le tonneau des Danaïdes, et qu'un flot métallique s'efforce en vain de remplir. Sourd à la voix de mon cœur ulcéré, je me contenterai donc de dire :— Tachez, si vous le pouvez, lecteurs, de vous figurer le sort de la majorité du peuple des autres francs-fiefs, lorsque vous saurez que, de tout temps, la servitude des habitants de Chablis fut moins odieuse et moins flétrissante que celle des vassaux du reste des villes et villages de la vallée du Serain.

Je vois une preuve incontestable de ce je viens d'établir en fait dans le rapide accroissement des sujets de Saint-Martin au Xe siècle. Comment expliquer la migration continuelle des serfs de la contrée dans le domaine du chapitre et du prévôt, si l'on n'admet pas que les réfugiés y souffraient moins de calamités, moins de tourments que dans les fiefs et bénéfices voisins. Au risque de leurs propres vies, ces martyrs d'une horrible oppression auraient-ils brisé le joug de leurs anciens seigneurs pour se réfugier dans le giron de Saint-Martin, si ses chanoines avaient usé alors, aussi immodérement que les autres suzerains des environs, des affreux priviléges que leur conférait la force légalisée par l'ignorance et le fanatisme universel. Sous peine d'inconséquence, il faut croire que les fugitifs gagnaient à changer de maîtres, et, par déduction, que le gouvernement prévôtal de Chablis était empreint d'un certain caractère de clémence.

La cause de cette modération dans l'omnipotence vient de ce que le fief de Chablis appartenait à une puissance ecclésiastique. Et, en général, la féodalité de l'Église fut moins exigeante, moins oppressive, moins immodeste que la féodalité laïque. Quoique profondément convaincu de la légitimité de son autorité temporelle, le clergé se montrait toujours plus indulgent que la noblesse, envers les esclaves qui pullulaient sur ses terres. Lorsque des évêques ou des abbés n'agissaient pas ainsi par esprit de charité, c'était au moins par respect humain. Ils épargnaient surtout aux masses les vexations ignominieuses, et, entre toutes, l'exercice de l'infâme droit de prélibation contre lequel l'apôtre Bernard lança si souvent les foudres de sa chaste, mais impitoyable éloquence.

Connue sous le nom de loi markette, cette coutume inqualifiable, imprimant sur le front des maris le cachet de l'opprobre, n'eut qu'un seul exemple dans le domaine de Saint-Martin (*). Mais ce qui rendit en-

(*) Usage des fiefs.

core moins à plaindre le sort des serfs de Chablis, ce fut l'indépendance même du fief. Il ne relevait en effet que de la métropole de Tours, qui elle-même ne dépendait que du Saint-Siége. Nos pères étaient donc exempts de tous ces innombrables devoirs de la féodalité hiérarchique dont le plus grand poids pesait sur le vil manant. J'ajouterai : les vassaux de Saint-Martin ne payaient ni tailles ni rançons de guerre ; leurs maîtres ne les traînaient pas à leur suite dans des combats journaliers. Et d'ailleurs, la population humble ainsi que le prévôt et le chapitre n'avait pas à redouter les attaques et les violences de l'ambition. Le roi des Français, chargé de protéger Saint-Martin contre toute espèce d'injures et d'agressions hostiles, en imposait encore aux brigands féodaux du voisinage qui n'osaient attaquer un ville vassale de Monseigneur le roi. Quoique je dise que Chablis était vassal de la couronne, il n'en faut pas conclure que la collégiale était soumise à toutes les conséquences de la féauté envers son illustre suzerain. Le serment lige que le prévôt prêtait au premier seigneur de France était une formalité purement honorifique pour celui qui le recevait et qui n'onérait en rien celui qui s'y soumettait. Le roi des Français avait droit à cet hommage factice de Saint-Martin de Chablis parce qu'il était son *advoué*.

Un advoué — disent les capitulaires de Charlemagne — est un seigneur puissant, chargé de protéger contre les tentatives de l'ambition un fief trop faible pour se défendre par lui-même ou une terre ecclésiastique qui n'entretient pas même de soldats. — Un bon advoué devint donc un gage d'existence, au temps où la France se trouva transformée en une vaste confédération de petits souverains, de petits despotes inégaux entre eux et ayant les uns envers les autres des devoirs et des droits, mais investis dans leurs propres domaines, sur leurs sujets, personnels et directs, d'un pouvoir absolu (*). Or, on sait que chacun de ces tyrans au petit pied, retirés dans des nids d'aigle fortifiés sur les montagnes, se faisaient continuellement entre eux une guerre acharnée. Les plus faibles se liguaient d'abord contre les plus forts ; ensuite ils se dévoraient les uns les autres, lorsque l'ennemi commun était terrassé. Il est facile de comprendre que, avec un pareil état de choses, tout possesseur de fief, qui n'aurait pu disposer, tous les jours et à toute heure, d'une certaine quantité d'hommes d'armes, aurait péri immédiatement. Voilà pourquoi beaucoup de seigneurs dans les ordres et de communautés religieuses dépourvues de forces militaires se mirent, dès

(*) Guizot.

la fin du VIII° siécle, sous la protection d'advoués qui s'engageaient à les défendre envers et contre tous agresseurs. L'utilité des advoueries se fit sentir bien d'avantage au X° siécle, alors que le clerc, le moine et le vilain ne pouvaient pas sans escorte aller d'un pays à l'autre, alors qu'une moitié de la société semblait armée contre la seconde.

Dans cet âge de fer — dit D. Mabillon — l'habitude du pillage et du brigandage passait dans les mœurs. Tout comte, tout baron féodal était, pour ainsi dire, chef de brigand. Détrousser les voyageurs, boire le vin des couvents, enlever les jolies femmes, brûler les villages, surprendre et détruire les châteaux, voilà le bonheur, la vie des seigneurs du temps. Dans le court intervalle de leurs expéditions où ils se souillaient de tous les crimes, ces héros d'une époque sans nom se livraient aux pratiques les plus superstitieuses. Sur le point d'entreprendre au loin une assomade régulière, le chatelain, les genoux nus sur les dalles d'une église, enchassait, dévotement, dans la garde de son épée, les reliques de quelque ermite canonisé. En promenant la torche sur les toits des croquants d'un puissant ennemi, il invoquait les hôtes du paradis, et les immiscant à ses colères furieuses il les suppliait de s'unir avec lui contre le céleste protecteur du village incendié. Dans la plupart des couvents, où l'on gardait précieusement les dernières étincelles de la science, cette flamme éternelle, impérissable comme son principe, les religieux copiaient pour la civilisation les auteurs grecs et latins des grands siècles du paganisme et enluminaient magnifiquement les pages des saintes écritures. Au plus petit nombre des abbés il fallait une vie plus active ; et ceux-là cachant la hache d'armes sous les plis du froc, l'armet sous le capuchon, copiaient les nobles exploits des spadassins de la féodalité laïque. Mais c'était toujours sur les serfs que retombaient tous les maux qui résultaient des guerres, des brigandages de leurs seigneurs : les masses croupissaient dans la misère la plus ignoble ; les campagnes dévastées ne produisaient rien ; les paysans affamés vivaient de racines et d'herbes. Aux horreurs de la famine se joignirent celles de la peste ; de sorte que jamais le sort du peuple ne fut plus déplorable. Aussi, c'était une croyance répandue dans les pauvres familles, que la fin du monde arriverait en l'an 1000. Pour remédier à l'horrible état des choses, le clergé dans un louable dessein, proclama les *trèves de Dieu*. En Bourgogne on défendit l'usage de la viande, les samedis. Cette prescription, purement locale dans le principe, et, spécialement dirigée contre les classes élevées —la majorité humble des chrétiens faisant toujours carême — passa dans la suite, par l'autorité des conciles, dans les commandements de l'Église universelle.

Cette rapide esquisse de la France féodale et des calamités qui — comme on disait alors — la rongeaient jusqu'aux os, doit nous faire réfléchir sur le bonheur qu'eut notre ville natale d'appartenir à une puissance ecclésiastique, assez clémente, de mœurs sévères, et d'avoir pour advoué un puissant suzerain. Chablis n'eut pas même à souffrir de la faiblesse des derniers Karolingiens. Avant que ces fantômes ne se fussent évanouis au lever l'aurore capétienne, un puissant comte les avait déjà remplacés dans l'advouerie de Saint-Martin.

Dans le premier chapitre de cette histoire, je me suis longuement étendu sur les événements qui donnèrent le trône de Hchlodewig aux descendants de Karl-Martel. Il me semble rationnel d'indiquer les causes de la chute de cette dynastie vraiment nationale à son avénement :

Lorsque les Français commençaient à jouer aux révolutions, il ne leur suffisait pas de trois jours pour jeter aux gémonies une famille royale. La révolution mûrissait pendant plus d'un siécle, et lorsqu'elle s'était effectuée dans les esprits, il fallait encore un coup de main hardi pour jeter un nouveau jalon dans l'histoire de France. Ainsi, la trompe qui publia, dans tous les bourgs de France, l'édit de Kiersy-sur-Oise, sur l'hérédité des fiefs, convia l'aristocratie aux funérailles des Karolingiens. A partir du jour où elle fut déclarée légitime, la féodalité, puissance insolente née de la conquête, se mit à miner sourdement les remparts de la monarchie. Ingrats envers la dynastie de Pépin, monument vivant de son triomphe et dispensatrice de ses pouvoirs, la nouvelle aristocratie l'attaqua bientôt en face. Cependant, il faut le dire, ce n'est pas tant la lignée que les nobles brûlaient de détruire que ce titre de Roi, qui offusquait leur orgueil. C'était le mot royauté qu'ils voulaient effacer de leur code barbare. Et, dans ce but, ils arrachaient à l'envi tous les plus beaux fleurons de cette couronne de Charlemagne, autrefois si resplendissante, mais qui depuis longtemps avait vu pâlir sa glorieuse auréole. Lorsque le domaine royal fut démembré, lorsque la seconde dynastie, semblable à un cadavre qu'animent seulement les vers qui se l'assimilent, n'exhala plus qu'un faible souffle, Hugues Capet, le prince des seigneurs, la mit sous son pied pour monter au trône de France. Le peuple applaudit à ce tour habile joué à la féodalité; mais l'aristocratie murmura : chacun de ses membres avait espéré devenir roi dans son propre domaine; il ne fallait plus y songer, Hugues Capet qui avait brisé un sceptre savait comment ces hochets-là se défendent.

Je reprends de plus haut, pour rentrer dans mon sujet :

La ligue de Hugues-le-Grand menaçait le roi Karl-le-Simple. Pour sauver sa couronne, ce prince aliéna son royaume. Mauvaise politique ! Le roi aurait dû prévoir qu'en distribuant des provinces pour se faire des amis, un jour il n'aurait plus rien à donner et serait alors plus faible que jamais. Il faut croire que la crainte empêcha Karl-le-Simple de faire cette réflexion, car il ne triompha de ses ennemis qu'en les accablant de bienfaits territoriaux. C'est ainsi qu'il investit le champenois Thibault, surnommé le Tricheur, des comtés de Blois et de Tours. Par suite de cette donation, l'*advouerie* de Saint-Martin — prérogative royale — fut dévolue au comte de Tours, chargé désormais *de tenir en fidèle garde* l'abbaye de cette dernière ville et sa succursale de Chablis. Le soin de l'advouerie de Saint-Martin passa plus tard aux comtes de Champagne, lorsque Eudes, petit-fils de Thibault-le-Tricheur, hérita de cette province. Il avait des droits à une telle succession comme cousin d'Estienne, dernier comte de Champagne de la race du traître Héribert de Vermandois dont la conduite infâme envers un royal prisonnier a rendu le nom si tristement célèbre.

Le devoir des comtes de Champagne, de défendre Chablis envers et contre tous, devint pour eux une charge absolument obligatoire. Ils ne pouvaient s'en reposer sur personne. A tous les habitants, de quelque condition qu'ils fussent, les advoués durent aide et protection. Ceux-là, en retour, leur faisaient serment de fidélité, à la réserve de celle qu'ils devaient à Saint-Martin, par l'intermédiaire de son prévôt (*). Lorsqu'il s'agissait des intérêts de la ville ou de la collégiale, les habitants étaient obligés de s'enrôler sous les pennons du comte, sous peine de soixante sous d'amende, dont trente revenaient au prévôt. Une excuse légitime pouvait seule dispenser de prendre les armes lorsque le comte publiait le ban. Toutefois, si l'expédition projetée était trop lointaine pour qu'il fût possible de revenir le soir même à Chablis, il était permis de refuser d'en faire partie. Dans tous les temps, le seigneur advoué eut droit de gîte à Chablis, de même que le chapître métropolitain de Saint-Martin de Tours. — Ainsi, d'après ce qui précède, on peut regarder la prérogative — j'ai dit plus haut la

---

(*) Omnes homines, quotquot sunt apud Chableias, sive milites, sive filii militum qui habent ætatem, cujuscumque sint conditionis, debent esse jurati comiti sub hac formâ : *Ego juro quod ero fidelis comiti de cetero et quod ego servabo membra ejus et honorem ejus pro posse meo. Sic me Deus adjuvet et hæc sancta. Salvâ fidelitate beati Martini et exceptis Clericis.*

charge — de l'advouerie de Chablis comme purement honorifique pour les comtes de Champagne. Dans la suite, ces puissants princes usurpèrent sur la prévôté certains droits, avec les revenus qui en découlaient; et, seulement depuis cette époque, l'advouerie devint une source de bénéfices.

Au XIe siécle, les droits féodaux, invention du despotisme et de la tyrannie, corollaires inévitables de l'ignorance, étendirent de plus en plus, parmi le pauvre peuple, le domaine de la misère. Tout sembla juste et naturel au seigneur, pourvu qu'il retirât profit de ses exactions. C'était trop peu de taxer l'individu, la fortune, le travail, le commerce et tous les genres d'industrie; le noble regardait encore le droit de vivre comme un droit seigneurial, qu'il était libre de vendre à ses vassaux, et que le vassal devait acheter. — Un tel système avait cela d'avantageux pour le maître que son trésor ne diminuait pas lors même que l'esclave se redressait sous la main tyrannique qui l'opprimait. Toute félonie se rachetait par de l'argent ou des valeurs en nature. Toute contravention à la fiscalité, malgré son avarice et sa mauvaise foi, à la police, quel que fût son arbitraire ou son iniquité, venait grossir l'escarcelle du suzerain. Une longue possession, suivie de transmissions nombreuses constituant la propriété, les priviléges patrimoniaux et toutes les charges imposées aux hommes et aux terres par les seigneurs en acquérirent le caractère (*). Ce qu'il y a de plus incompréhensible à une époque aussi éclairée que la nôtre, c'est que ces hommes devenus serfs des seigneurs, d'anciens protégés ou de compagnons d'armes qu'ils étaient dans l'origine, se persuadèrent que Dieu les mettait au monde pour obéir et ramper, pour payer de leurs sueurs, de leurs larmes, de leur sang, les plaisirs de celui qui s'était donné la peine de naître privilégié. Cette persuasion de l'incapacité morale de jouir d'un certain bien-être et de s'appartenir, jeta encore de plus profondes racines dans les populations soumises à la juridiction ecclésiastique; sans doute, parce que les croyances superstitieuses fesaient découler du droit divin les priviléges temporels de l'Église. — J'ai donné plus haut les raisons qui me font supposer que le sort de Chablis fut, sous l'horrible régime de la vassalité, loin d'être aussi misérable que celui de certaines autres propriétés seigneuriales; mais de cela on ne doit pas conclure que les habitants étaient exempts des exigences de la fiscalité féodale. Tous les ans, M. le prévôt percevait, tant sur les propriétaires directs que sur les tenanciers, la *dixme* des vins, blés, seigles, orges

---

(*) Thiers.

et avoines, etc. Chaque famille non libre, corvéable à volonté, donnait le plus souvent au chapitre trois journées de travail par an : une au printemps, pour *arer vignes et gecter semence ès terres*; une en été, pour *fener preys* et *fauxillier*; la troisième au moment des *vindanges*. Ces trois jours de corvée, que l'on appelle prestations depuis l'invention des gouvernements à tribune, suffisaient apparemment pour cultiver les terres du chapitre et en enlever les produits. Non contents d'avoir reçu la dixième gerbe, Messieurs de la collégiale percevaient encore le minage des grains vendus. C'est-à-dire que si un homme de Saint-Martin achetait un boisseau de blé, le garde du marché, sans relever sa manche, enfonçait son bras dans la mesure pleine, puis repassait le rouleau de bois au niveau des bords, et tout le comble revenait au prévôt. De plus, toute femme qui pétrissait pains ou *gastels* devait les apporter au four banal (*) et payer pour leur cuisson le quinzième de ses pains et le dixième de ses *gastels*. La ménagère convaincue d'avoir fait cuire *soutilement* sa boulange ou sa *gastellerie,* était passible de 35 sols d'amende. Pen-

(*) Il y eut jusqu'en 1789, à Chablis, deux fours banaux : l'un au faubourg Saint-Pierre, l'autre à l'angle de la rue de la Cordonnerie. Ce dernier qui existe encore a été brûlé et rebâti plusieurs fois. Sa dernière construction date de 1778.

dant quinze semaines le ban-de-vin appartenait au chapitre. Nul ne pouvait vendre vins rouges ou blancs *fors ban et congié* de M. le Prévôt, le dimanche *graissot, la Pasque-diex, et la feste de Sainct-Martin hormis*. Le doyen publiait les bans de vendange à la St-Remy; la collégiale possédait seule des pressoirs; le pressurage se payait en argent ou en nature. Quiconque *estallait* à un *crog*, soit devant sa *demourance*, soit sur le *marchier, solvait ung droict au prevost*. Ceux qui refusaient de s'y soumettre ou fraudaient les agents-percepteurs, encouraient une amende de 60 sols.

Le revenu de ces coutumes féodales sans compter celui du salage, portage, jallage, etc., formait pour le chapitre et le prévôt, une somme considérable. Elle était encore grossie par les amendes quotidiennes et le rachat des peines prononcées pour *forsfaicts, mulctes délicts, démérites, blasphèmes, mesaunage, faux mesurage, vende de viendes graisseulxes, de souliers en cuir gueurli, de queues, demi-queues et broqs fesant vin*. Si l'on réfléchit qu'à ces rentes annuelles ou éventuelles, Saint-Martin ajoutait le produit du commerce d'une partie de ses blés et de ses vins et l'immense revenu de ses tenûres, qu'il ne faisait aucuns frais d'armement et d'équipement militaires, on conclura que l'opulence devait régner nécessairement dans le monastère et chez le prévôt. Mais, plus les coffres féodaux se remplissaient, plus la misère faisait de progrès parmi le peuple ignare et croupi dans le servage. Un mal horrible, contagieux, incurable, le fléau de l'antiquité, vint tout-à-coup combler la mesure de la calamité générale. Ce mal était la lèpre ou *ladrerie.*

Inconnue aux peuples modernes de l'Europe, la lèpre, jadis, étalait partout ses hideuses enseignes. Cette maladie, engendrée par le vice et la malpropreté, se propageait surtout parmi les rangs les plus infimes de la société. On ne doit pas s'en étonner : alors, les familles pauvres, rongées par la vermine, privées de toute espèce de linge, entassées pêle-mêle avec les animaux, dans des bouges infects et enfumés, passaient dans une malpropreté fangeuse leur vies serviles et dégradées. Dès que le fléau passait le seuil d'un de ces taudis, où se trouvaient réunis tant d'éléments d'inoculation, il prenait des développements effrayants. La lèpre commençait à se manifester par l'éruption de pustules rouges aux bras et aux jambes. Ces pustules naissantes se multipliaient aussitôt et s'étendaient en forme de grappes allongées. Leur surface devenait en peu de temps rude, blanchâtre, écailleuse, puis noire, livide et sanieuse. Le corps n'était bientôt plus qu'un ulcère dégoûtant. Une fièvre lente s'emparait du lépreux, une soif ardente le dévorait; ses lèvres s'enflammaient et ses extrémités inférieures s'enflaient tellement que c'est à peine si l'on distinguait ses doigts sous la tumeur. Il s'ensuivait une maigreur épouvantable et une calvitie complète. Heureux le misérable dont les pustules se déclaraient à l'intérieur du corps : en peu de jours il périssait asphyxié par la putréfaction.

Au moyen-âge, aussitôt qu'on reconnaissait les symptômes extérieurs de la ladrerie dans un être humain, on célébrait ses funérailles, puis on le frappait d'interdit. Défense lui était faite de pénétrer dans aucune habitation, de réclamer jugement, de boire dans les rivières, de passer la main sur les parapets sans mettre des gants. On ne lui laissait pour demeure que la solitude, pour boisson que l'eau de la mare croupie au fond des bois. Couvert d'un large chapeau de joncs, dit M. Gustave Laperouse (*), d'un manteau de forme particulière, muni d'une besace et d'une crecelle qu'il devait agiter pour avertir de son approche, le malheureux ladre menait sa déplorable vie, *quasi mortuus*, attendant qu'après sa mort véritable, il fut brûlé dans sa loge avec ses meubles et ses habits.

Pour empêcher la propagation de cet horrible mal,

(*) Hist. de Châtillon-sur-Seine — Tome I.

l'administration prévôtale de Chablis ne resta pas en arrière de mesures sévères (*). Dès qu'un lépreux lui était dénoncé, on le transportait sur la rive droite du Serain avec défense expresse, sous peine de mort, de passer la rive gauche. Plusieurs de ces malheureux, arrachés à leurs familles, séparés du reste des hommes par les lois, abandonnés à leurs souffrances, privés de toute espèce de soins, n'ayant pour tous vivres que ceux qu'on voulait bien leur jeter d'un bord à l'autre, élevèrent d'abord leurs huttes vis-à-vis de la ville, de l'autre côté de l'eau. Lorsqu'un décret du concile de Latran, 1179, cessa de les retrancher du sein de l'Église, permit de les inhumer en terre sainte et de les approcher sans être frappé d'interdit, le chapitre de Saint-Martin leur fit élever une espèce d'hospice, qui reçut le nom de Maladrerie. De saintes filles, l'honneur de la religion et de l'humanité, douces belles de nuit déshabituées du grand jour, dont nulle sensation mondaine n'aurait pu faire entr'ouvrir le calice fermé jusqu'au soleil de la vie éternelle, se dévouèrent pour le soin de ces

---

(*) Dès les temps les plus reculés, et chez tous les peuples, l'autorité, dans l'intérêt général, frappa les lépreux de lois d'exception : Voyez Moïse — Lévit. Chap. XIV — ; on lit dans Hérodote — Liv. I et III — que les Scythes et tous les peuples qui habitaient entre le Nil et l'Indus, regardaient cette maladie comme infamante ; nous savons comment les chrétiens traitaient les ladres.

infortunés. Dans mon imagination de 18 ans, je me les représente belles et chastes, étendant avec leurs mains délicates, un baume soulageant sur des plaies repoussantes. Il me semble entendre leurs voix suaves épanchant de douces consolations dans des cœurs désespérés. Je les vois, d'un regard sévère et tendre, arrêter, sur les lèvres empoisonnées d'un malade un affreux blasphème, une malédiction, à l'adresse de celui qui, selon l'Écriture, guérissait les lépreux qu'il touchait de son doigt divin. Puis, victime de son glorieux dévouement, l'une d'entre elles meurt avant d'avoir vécu, comme ces fleurs flétries par un air empesté. Anges de la terre, martyrs de la charité, leurs âmes, dont jamais la lèpre du mal n'altéra la candeur s'envolent vers le ciel. Leur souvenir reste encore quelques jours gravés dans le cœur des malheureux qu'elles ont secourus ; puis le temps efface tout ce qu'il y eût de terrestre dans ces créatures si nobles. Mais la poésie et l'histoire s'emparent d'un dévouement aussi digne d'admiration, et — comme c'est leur devoir — elles en font ressortir, aux yeux de la postérité, la grandeur et le beau idéal. Je regrette amèrement d'être trop au-dessous d'une aussi noble tâche et de me sentir entraîné loin de ce panégyrique sacré par la suite de mon récit.

La Maladrerie de Chablis reçut dans son sein non-seulement les lépreux de la ville, mais encore ceux des environs. Elle devint un asile hospitalier pour ces parias de la société qui n'avaient que la terre dure pour reposer leurs têtes et la fraîcheur de la nuit pour alléger leurs maux. En l'année 1225, Louis VIII, dans son testament, lui fit un legs de cent sols d'argent. Lorsque la lèpre disparut du nombre déjà si grand des maux qui affligent encore l'humanité, un grand nombre de maisons s'éleva autour de l'hospice désert. Ce groupe ne tarda pas à former un faubourg qui fut nommé la Maladrerie et par suite la Maladière. Le nouvel annexe de Chablis détruit par les guerres, abandonné des habitants qui cherchaient un refuge dans l'enceinte fortifiée, ne se composait plus au XVIIIe siècle que d'une dizaine de maisons.

Il forme maintenant deux longues files d'habitations séparées par la route départementale. Quelques petites ruelles y aboutissent.

Tandis que la charité bâtissait sur la rive droite du Serain la Maladrerie, sur la rive gauche, l'art chrétien élevait trois nouveaux monuments. Déjà leur noble architecture dépassait de beaucoup les pignons des cabanes des hommes de Saint-Martin, voire même les toits de l'antique *cella* de Karl-le-Chauve. Ces monuments étaient deux églises et le cloître de Saint-Cosme. Quel est celui qui en posa la première pierre?

Je l'ignore. Personne, au moyen-âge, ne tenait les registres de fondation des édifices. Alors, il y avait plus d'hommes habiles à manier le ciseau que de gratteurs de parchemin. Au XIIe siècle, pour bâtir les églises et les cathédrales, on ne dressait ni devis ni cahiers de charge, on n'employait pas le système des soumissions cachetées, les entrepreneurs ne se disputaient pas l'occasion de s'enrichir aux dépens de l'art, de la solidité et du trésor public. Une puissance ecclésiastique disait : là il y aura un chef-d'œuvre. Et, le projet ne languissait pas dix ans dans les casiers bureaucratiques, l'administration lésineuse ne le faisait pas passer par toutes ses étamines. La première pierre se posait, puis la seconde, et l'édifice s'élevait, heure par heure, jour par jour, pendant un ou plusieurs siècles, sous les yeux d'architectes qui, sans arrière-pensée d'intérêt, de gloire, de croix-d'honneur, mettaient leur vie à la disposition d'un évêque ou d'une communauté. Qu'est-ce qui fait que les monuments modernes sont pour ainsi dire de carton et qu'ils n'ont pas le cachet de la durée, la grandeur et l'unité de la pensée religieuse ? C'est que leur construction dure moins longtemps que l'examen de leur projet, c'est — dit un critique distingué — qu'on ne s'inquiète pas si ce monument, aujourd'hui une église, ne deviendra pas après dix ans un temple de la gloire, après vingt ans un théâtre, après trente ans un magasin à fourrages ou une caserne de gendarmerie. Voici, selon toute probabilité, comment fut décidée la construction des deux églises de Chablis et le monastère de Saint-Cosme, et comment elle s'accomplit :

Un jour qu'il venait de jeter un coup-d'œil satisfait dans les coffres de la collégiale remplis par la vente du produit des terres, les sueurs du pauvre peuple et les aumônes des pêcheurs, le prévôt, qui je crois être Hugues de Merliniac (*), assembla sa collégiale. Il communiqua aux chanoines un plan de deux églises et d'une chapelle qui fut adopté à l'unanimité. Séance tenante, on écrivit à Tours pour demander une autorisation. Le chapitre métropole fit réponse que si, par ses propres moyens, Saint-Martin de Chablis pouvait se procurer le luxe de deux églises et d'une chapelle monacale, il devait cet hommage à la religion. Aussitôt l'arrivée du courrier, le prévôt manda

---

(*) Hugues de Merliniac, prévôt en 1138, échangea une terre qu'il possédait à Chablis avec une propriété de St-Martin située sur le territoire de Ligny. Cette transaction fut ratifiée par une bulle d'Innocent II —Gall. Christ. T. XII p. 111—. Les annales bénédictines— T. II. p. 203— nous apprennent que, quelques années auparavant, la collégiale de Chablis avait fait un autre échange de terres avec des religieuses de St-Germain d'Auxerre.

et enjoignit à tous ceux qui voulaient racheter leurs péchés de venir travailler pour Monseigneur Saint Martin, et il ne tarda pas à trouver un architecte et un grand nombre d'ouvriers. Les trois édifices se commencèrent en même temps, se continuèrent jusqu'à leur parfait achèvement, dévorant deux ou trois générations inconnues qui s'usèrent ainsi pour la foi, sans songer seulement à transmettre leurs noms aux générations à venir.

Maintenant qu'il sait comment s'élevèrent les églises de Saint-Martin, Saint-Pierre et Saint-Cosme, je prierai le lecteur de me suivre vers ces trois monuments mutilés par le temps et que l'habile connaisseur parisien, marchand de vins en gros, ne décore pas même du titre de *curiosités*. Chacun peut entreprendre avec moi ce pèlerinage historique, je me garderai d'avoir le talent d'ennuyer par une description en termes techniques d'architecture et de sculpture, par la raison bien simple que je ne les connais pas, sauf quelques-uns que j'ai appris malgré moi.

Pour aller à Saint-Martin, lorsque vous êtes sur la place du marché au blé, il faut vous commettre dans une petite rue obscure, montante, resserrée entre de vieilles maisons, à étages proéminents, où résidait jadis le clergé souverain seigneur. Les fenêtres hautes, encadrées par des pierres noirâtres sculptées à la mode du XVᵉ siècle, sont juste assez larges pour laisser passer des épaules ordinaires. Le jour à demi-voilé qui pénétrait par ces ouvertures dans les chambres vastes et à plafonds élevés des chanoines, devait favoriser délicieusement l'étude et la méditation. Au-dessus d'une des portes, surchargée d'anges bouffis, vous lisez encore la devise du chapitre de Saint-Martin : PEV C EST ASSES. Puis, à mesure que vous avancez dans la petite rue, l'espace qui sépare les ex-demeures cléricales devient plus large ; vous vous trouvez bientôt sur une place carrée qu'ombrage un vieux tilleul. Cet arbre, planté par nos pères de 89, sur le terrain du bon plaisir, n'en a pas moins verdi soixante ans en l'honneur de la Liberté. Saint-Martin est devant vous ! Un dans son ensemble, le monument, vu à vol d'oiseau, présente la forme d'une croix arrondie par le sommet, mais dont la transversale ne fait pas avec la perpendiculaire deux angles droits adjacents. Ce défaut provient de ce que les deux chapelles qui, à l'extérieur, figurent les bras de la croix, ne sont pas placées vis-à-vis l'une de l'autre. — Du milieu du toit, qui ne manque pas d'élévation s'élance le clocher paroissial. C'est un dôme hardi que soutiennent des colonnes de plomb assises sur un octogone régulier. Sa pointe menace, dit-on, plutôt la terre que le ciel, et la lourde masse de cette cage vibrante et ébranlée fatigue sensiblement les charpentes de la voûte. Une croix jadis dorée domine l'extrémité orientale des pignons ; à l'occident au-dessus d'une tringle de fer se rouille un coq de tôle criarde ; on dirait le génie de la ruine, qui, lorsque le vent tourne, chante la chute du vieux clocher. (*)

— En les regardant de la place, les contreforts elliptiques qui soutiennent la masse des murs au midi offrent un beau coup-d'œil. De ce côté, le comble s'arrondit : la perspective aidée de l'éloignement présentant ces contreforts graduellement plus bas les uns que les autres, sur une même ligne circulaire, les dessine gracieusement sur le ciel et les découpe comme les arcades d'un aqueduc aérien. L'entablement du second toit est formé de modillons dont la bizarrerie variée fatigue le regard. Ce sont : des figures humaines, des crânes, des feuilles extravagantes, des têtes de béliers, des monstres béants, toutes

(*) Ces lignes étaient écrites lorsque j'appris la démolition de l'ancien clocher de Saint-Martin et de la chapelle du midi. On me saura gré, sans doute, d'avoir conservé ici le souvenir de ces ouvrages d'art que tous nous avons connus. Les nouvelles constructions s'achèvent en ce moment. Ces travaux partiels, auxquels doit s'attacher le nom de M. de Chéron, maire actuel de Chablis, sont exécutés d'une manière digne de l'édifice total, grâce à la munificence du gouvernement et aux sacrifices qu'a su s'imposer la commune, dans un excellent esprit d'administration éclairée.

poésies bien achevées d'une imagination excentrique. Sur le mur avancé, surmonté d'une statue de la Vierge qui domine la place, la fabrique a fait placer un cadran solaire destiné à régler l'horloge. L'astre-roi faisant souvent défaut à ce bas monde, il ne faut pas s'étonner si l'heure de la paroisse est si souvent en désaccord avec celle du méridien. Au-dessous des chiffres romains du cadran, un Raphaël en décors a peint un verset de l'Évangile. Je ne sais plus lequel. Lorsque je suis arrivé en rhétorique, j'ai compris que les saintes paroles invitaient le passant à songer à la mort, lors même que six siècles debout le contemplaient.

Toujours suivi du lecteur, j'entrerai dans l'église par le portail sud. D'abord mes yeux se fixeront sur la porte toute hérissée de bandes de fer recourbées, armées de dards, clouées avec symétrie sur les panneaux semés çà et là de fers de cheval, de formes extraordinaires, et qui, selon M. François, savant antiquaire, curé du faubourg au siècle dernier, proviennent des quelques destriers tués à la bataille de Fontenay où les chefs seuls combattirent en selle. L'impossibilité d'admettre que le plus grand nombre de ces fers aient jamais pu servir à aucune espèce chevaline ou asine, m'empêche de partager cette opinion qui, du reste, est corroborée par les croyances locales. J'ai lu dans une lettre particulière, datée de 1787 et écrite par M. Camelin, chanoine de Saint-Martin, que les portes de l'église avaient été ainsi bardées, en ex-voto, lors d'une épizootie, par ordre de Devienne, prévôt royal en 1530.

Le bon Rollin eut bien raison de nommer la gent écolière : *gens pessima discipulorum*. A Chablis, les jeunes sixièmes et les élèves de l'école primaire n'ont pas démenti l'épithète infligée par le célèbre recteur. Quand, sur le seuil de l'église, ils attendent l'heure du catéchisme, ces barbares d'un siècle civilisé s'amusent à mutiler les colonnettes à chapiteaux voluriés qui soutiennent le portail. Il est heureux qu'ils n'aient jamais pu atteindre l'Agnus Dei en relief sur le tympan, les deux monstres ailés et griffons placés entre les branches supérieures, la croix grecque et l'arc trilobé du milieu. Toutefois, une main plus puissante, plus terrible que celle du temps et de l'enfance, la main des révolutions a abattu les fleurs de lys sculptées sur le plein. La Restauration n'a pas pris soin de les relever ; l'attouchement démagogique les avait flétries.

On aime à visiter Saint-Martin vers le coucher du soleil, le soir d'une belle journée d'été. Alors, les derniers rayons pénétrant à flots dans le sanctuaire se brisent avec éclat entre les arceaux et remplissent la nef d'une poussière lumineuse. Grâce à la magie des ombres, les feux du couchant produisent un magnifique effet sur le grand tableau de la Cène, donné à l'église par M. de Varange, et le précieux Philippe de Champagne, que l'ignorance avait relégué dans un coin obscur. Cependant, il faut dire que ces torrents de lumière qui inondent l'église ne donnent pas à l'âme ce sentiment vague de crainte religieuse, mêlée de respect, qui l'émeut toujours, en présence de ces vastes monuments où règne une éternelle demi-obscurité. Mais, quand même vous iriez à Saint-Martin lorsque le ciel est gris, quand la terre est enveloppée d'une robe brumeuse, vous n'éprouveriez pas ce sentiment dont je viens de parler, et qui est pour moi d'une jouissance infinie. Le badigeonnage a enlevé à l'architecture cette belle couleur grave et sombre qui remue si profondément. Je le dirai franchement : ce ne peut être qu'un maître maçon, intéressé à l'entreprise, qui a donné l'idée de cet acte de vandalisme réparateur. Est-ce que, sans être revêtue d'une immonde couche de chaux, l'arcature ogivale de la nef aurait été moins pure, moins légère, moins délicieuse ? Est-ce que, les arceaux de la voûte se seraient élancés avec moins de majesté jusqu'à ces médaillons où ils viennent se confondre ? Est-ce que les colonnes du chœur en auraient été moins d'un seul bloc, quand on ne les aurait pas défigurées par une marbrure à l'huile, quand on n'aurait pas sali leurs palmes d'un enduit vert-pomme. Les goujats n'ont pas même épargné les élégantes broderies des chapiteaux, les trèfles, les quatre feuilles, les fleurs qui les décorent. Ils ne savaient pas, les malheureux, qu'en remplissant de liquide calcaire ces mille détails de sculpture, ils imitaient ces repasseuses inhabiles qui plongeaient dans l'amidon les dentelles d'une duchesse.

Il est à remarquer que le caractère d'une religion est toujours empreint dans l'architecture des monuments élevés en son honneur. Le christianisme rapporte tout au ciel, il rehausse l'homme vers son créateur, l'ogive qui fend l'espace de sa pointe légère est le seul genre qui convienne à nos églises et à nos cathédrales. Le plein-cintre qui pose lourdement sur le pilastre et se courbe avec effort vers la terre révèle, en même temps, aux yeux et à la pensée, tout ce qu'il y avait de terrestre, de bas, dans cette religion païenne qui ravalait la divinité jusqu'à l'imperfection humaine. Aussi quand ce culte fangeux et sensuel est tombé convaincu d'hypocrisie immorale, d'erreur et de matérialisme, le plein-cintre, qui en était la signification palpable, a roulé avec lui dans l'ornière. Le spiritualisme chrétien l'a relevé. Il a redressé l'art cylindrique en deux branches légères, deux fois recourbées, qui se joignent en haut par la pointe. Le caractère éternel du culte chrétien, l'ogive est trouvée. D'abord timide, elle n'ose pas soulever la masse des monuments, et jusqu'au Xe siècle, elle reste encore comme écrasée sous le faix. Mais bientôt par un nouvel effort, elle s'élance, et d'un seul jet elle atteint au XIIe âge toute sa perfection. L'architecture de Saint-Martin nous en fournit une preuve. Le goût le plus pur, la délicatesse la plus exquise règne dans l'arcature ogivale de la colonnade, de la galerie murée que l'on admire entre les entablements qui divisent la nef en trois parties. — L'art de la renaissance, où l'on voit que le goût a fait place à la mode, a aussi laissé de son caractère dans l'église de Chablis. C'est avec peine que l'on compare les ornements maniérés des deux premiers piliers à gauche, restaurés au XVIe siècle, avec la sévérité si belle, si primitive de ces petits chefs-d'œuvre de détail qui décorent le magnifique ensemble des autres piliers et cette belle fenêtre gothique qui découpe la muraille du côté de la place. — Tout ce qu'il y avait de lourd dans le cintre antique se révèle plus particulièrement au goût dans cette guirlande de feuilles de chêne, semée de glands, qui enchâsse la porte principale et s'appuie pesamment sur un socle à demi brisé. Seule en effet, l'ellipse de cette guirlande est cause que l'encadrement, qui ne manque pas d'une certaine valeur artistique, blesse la vue dans ses proportions. — Quelques pieds au-dessus du grand portail une saillie moulée supporte la statue équestre du St-Martin populaire partageant son manteau avec Satan caché sous les haillons d'un pauvre mendiant. — A l'angle sud-ouest du monument, s'élevait jadis un beffroi pyramidal, asile du guetteur qui sonnait la cloche d'alarme, à l'approche de l'ennemi, ou en cas d'incendie. On dit que cette tour soutenait un balcon tailladé d'où le prévôt, les jours de grande fête, donnait sa bénédiction aux manans de la paroisse.

Ecrivant moins l'histoire de Chablis pour le monde savant et littéraire que pour mes amis et ceux de mes dignes concitoyens qui pourraient la lire avec quelque intérêt, je ne dépeindrai pas davantage une église qu'ils connaissent tous. Je craindrais qu'ils ne me missent en parallèle avec ce maniaque de l'Art poétique qui, une fois entré dans une demeure somptueuse, ne la quittait jamais sans en avoir compté les astragales et dessiné les moindres festons. Aussi pour courir à Saint-Cosme et de là à Saint-Pierre, j'abandonne sans plus tarder Saint-Martin. A ceux qui voudraient connaître plus intimement cette charmante église, je conseillerai de l'aller visiter. Comme je sais bien que le touriste et l'archéologue ne se perdent pas tellement dans les hauteurs de la science, qu'ils ne s'occupent plus des nécessités ou des douceurs de la vie matérielle, je les assurerai qu'ils pourront trouver à Chablis tout le confortable possible. Que la crainte de ne pouvoir déjeûner ne les arrête pas. A la rigueur, ils trouveraient sur leur table, en prévenant l'hôte un jour d'avance, les huîtres classiques et indispensables. Si ces crustacés sont moins frais qu'à Paris, ils les arroseront d'un vin plus blanc, plus naturel, plus généreux que celui qu'ils ont jamais fait mousser dans la capitale et toute sa banlieue. J'ai cru de mon devoir de rassurer d'abord les voyageurs sur le compte de leur santé et de leurs habitudes physiques. Je leur indiquerai maintenant ce que, après l'église Saint-Martin, ils doivent encore honorer de leur attention.

Par delà le faubourg Saint-Pierre, dans une rue formée par des murs de clôture, ils trouveront une seule maison, habitée depuis longtemps par d'honnêtes agriculteurs. Cette demeure isolée n'est autre que l'ancien prieuré de Saint-Cosme. Un moutier fort le dominait autrefois. Le seul souvenir qui nous est parvenu de la vieille forteresse est le nom qu'elle a donné à la rue dont je viens de parler. Ce qui reste du ci-devant prieuré indique encore parfaitement l'époque de sa construction. Les quelques sculptures qui ont résisté au marteau du temps et qui n'ont jamais gêné les combinaisons domestiques du propriétaire actuel, accusent le style du XIIe siècle. L'ancienne chapelle monacale sert actuellement de grange et d'écurie. Elle est bâtie, en grande partie, de pierres dures taillées en parallélipipèdes rectangles. Par ses fenêtres arquées, peintes autrefois d'élégants vitraux, s'échappent de la paille et des épis. Des gerbes de blé sont entassées jusqu'à la voûte délabrée, qui ne retentit plus que du hennissement des chevaux, des chants du coq matinal et des coups cadencés des batteurs en grange. Des chambres particulières occupent la place de l'autel qui renfermait des reliques de saint Cosme transportées, en 1194, de Tours à Chablis, avec celles de saint Hispade ou Epain, qui demeurèrent dans l'église Saint-Martin jusqu'en 1568. M. Cartier, ancien curé de Saint-Pierre, affirme que les débris du corps de saint Cosme possédés au couvent de ce nom, dans sa paroisse, opérèrent plusieurs miracles éclatants et publics qui excitèrent au loin à la ronde l'admiration des fidèles. Je suis trop de mon siècle sceptique pour ajouter grande foi à ce témoignage. Je lis cependant dans le livre *de Gloria Martyrorum, Cap.* 98 : « saint Cosme et saint-Damien, types de l'amitié chrétienne, avaient exercé ensemble, pendant leurs vies apostoliques, l'art divin du païen Hippocrate. Longtemps après le martyre des deux saints, on déposa leurs corps dans une chapelle contiguë à l'oratoire où l'on gardait le tombeau de l'illustre patron des Franks. C'est là, que les apôtres-médecins, maintenant dans le sein de l'Agneau, révèlent par de nombreux miracles, leur puissance auprès de Dieu. Si les amis d'un malade l'apportent près du sépulcre des deux confesseurs, ceux-ci, touchés bientôt par les prières du suppliant, lui apparaissent pendant la nuit; et, pourvu qu'il ait la foi, lui indiquent les remèdes qui doivent hâter sa guérison. » L'auteur de cette citation, librement traduite, est saint Grégoire, je ne vois pas pourquoi ceux qui ont confiance en la parole de cet historien, se riraient des affirmations de M. Cartier. Si saint Cosme a sauvé des moribonds à Tours, il a pu redresser des bossus à Chablis. Voilà ma logique, à moi qui suis orthodoxe, et crois difficilement aux miracles de clocher.

Une voix intérieure, celle qui me reproche d'employer trop souvent le *moi* haïssable de Pascal, me rappelle à ma description historique :

Selon toute apparence, des fossés profonds entouraient jadis le prieuré et le moutier de Saint-Cosme. A sec pendant les chaleurs, ou à peine remplis d'une eau bourbeuse et croupissante, ces fossés recevaient l'hiver les eaux du ruisseau de Vaux-Charmes que la fonte des neiges change souvent en un torrent impétueux (*). Ils ont été nivelés en partie par les constructions du XVIIIᵉ siècle. Ceux qui existent encore, comblés par des dégradations séculaires et la démolition du fort, sont de nos jours assez peu larges pour qu'un collégien puisse les franchir d'un bond. Ajoutons que la spéculation agricole les a utilisés en les plantant d'une longue file de noyers et de pommiers.

Je me souviendrai toujours des heures délicieuses que j'ai passées à l'ombre pieuse de la chapelle du vieux prieuré. Mesurant de l'œil les pilastres adossés aux murs dont les arceaux viennent se joindre quatre à quatre au sommet de la voûte, j'aimais à remplir le sanctuaire abandonné, d'une foule agenouillée, de bons religieux psalmodiant d'une voix grave les versets des saints cantiques; j'écoutais avec bonheur, comme pour recueillir quelques notes égarées depuis des siècles dans un coin obscur; puis laissant écouler le vulgaire, je suivais les moines dans leurs cellules; j'approfondissais avec eux les anciens manuscrits; j'usais ma vie et ma santé à les copier, à les commenter, sans espérance de gloire et pour la seule satisfaction de l'âme. Si la crainte de paraître importun ne

---

(*) Chacun se souvient encore de l'inondation du 14 janvier 1841.

m'en eût arraché, je serais souvent resté des journées entières, plongé dans ces voluptueuses méditations. Aussi, quand le respect des convenances me forçait à quitter le monastère de St-Cosme, pour ne point passer brusquement de la douce fiction à une réalité trop positive, je courais me mettre en face des ruines de Saint-Pierre.

L'édifice élève ses murs écrasés par le poids de six siècles au milieu du cimetière communal. Il reste debout pour témoigner, aux hommes de tous les âges, le néant des forces individuelles éteintes, pour ainsi dire, le jour de leur naissance, mais qui, réunies dans un seul but, enfantent, dans le court espace de leur existence, des monuments qui résistent tant d'années. De toute sa hauteur, l'église a d'abord dominé les tombes de ceux qui l'avaient bâtie. Puis, elle a assisté aux funérailles de dix-huit générations ; elle est encore assez solide sur ses fondements pour être l'impassible témoin des nôtres. Qui me dira le nombre de ceux qui comme nous ont pénétré dans son sanctuaire, et un jour en sont sortis, les pieds en avant, couchés dans une bière, pour s'engloutir à jamais au bas des murs noircis qui les avaient vus fiers de l'espérance d'une jeunesse éternelle, puis blanchis par la vieillesse, puis courbés sous les étreintes de la mort ? Hélas, personne ne le sait ! L'édifice est muet, la terre est muette; et, il n'y a pas longtemps que l'on tient des registres d'état civil. Qui pourrait encore répondre à celui qui demanderait de combien le sol du cimetière a été relevé, par la foule des morts qui sont venus rendre leurs poussières à cette terre de l'égalité par excellence? Cette question naïve dérouterait le plus savant. Le philosophe à qui on l'adresserait, se contenterait de dire : en proportion, les cendres des privilégiés qui se trouvaient trop à l'étroit dans leur terrestre enveloppe, n'ont pas plus contribué à cet exhaussement que les cadavres les plus roturiers.

C'est au mois de juillet 1850, le 14, que je fis à Saint-Pierre mon dernier pèlerinage archéologique... Ce jour là, l'air pesait comme du plomb fondu. Sous les rayons perpendiculaires du soleil, un vieux faucheur abattait, par coups lents et mesurés, l'herbe jaunie du cimetière; — car il faut savoir qu'à Chablis, même après leur enterrement, les paroissiens aident encore à grossir le budget de la fabrique. — La force productive que les corps communiquent au sol sépulcral le tapisse d'une herbe haute et touffue que les marguilliers vendent au plus offrant. C'était pour l'adjudicataire de l'année que le vieillard dont je viens de parler travaillait. Penché sur cette terre qui peut-être le recouvre maintenant, il jetait de temps en temps un re gard vigilant sur de beaux enfants demi-nus qui visaient, avec des cailloux, les lézards qui montraient leurs petites têtes émeraudées aux crevasses des murs. A mon approche les enfants s'enfuirent vers leur grand-père. Le brave faucheur, que j'avais connu avant mon départ de Chablis, me salua par mon nom, me demanda des nouvelles de mes parents et m'annonça que le temps était à l'orage. Puis, devinant mon intention de pénétrer dans l'église, il m'indiqua l'endroit où le fossoyeur en avait caché la clé lorsqu'il était venu sonner midi. J'ouvris la porte; et un vague sentiment de tristesse s'empara de mon âme en revoyant la vieille église. Malgré la chaleur du dehors, il y régnait une fraîcheur glaciale : sur les dalles, de quelques pieds plus basses que le sol du cimetière, et recouvertes d'une couche d'humidité verdâtre, mes souliers laissaient leurs empreintes. Appuyé au dos d'un banc vermoulu, je me sentais presque glorieux de ma jeunesse en présence de ces ruines déguisées avec une stricte économie qui en a exclu l'art et le bon goût. Je vis avec peine que depuis deux siècles, le travail de restauration est loin d'avoir pu arrêter l'œuvre de dissolution et d'ébranlement. Toujours, à côté d'un pan de mur fraîchement maçonné et recrépi, s'ouvre une brèche nouvelle. En vain, sur les injonctions de l'évêque de Langres, menaçant d'interdire l'église si elle n'était pas promptement réparée, le chapitre de Saint-Martin, en 1733, alloua quelques fonds pour restaurer les colonnes du chœur, alors long de cinquante-cinq pieds; il fallut les abattre. Et dès lors, cette église sans chœur sembla un vaste corps sans intelligence. Avec les pierres provenant de cette démolition, on a rebâti un mur nouveau qui ferme le vaisseau du côté de l'orient et auquel on a adossé le maître-autel. Il me souvient que, dans mon enfance, je voyais toujours, de chaque côté du tabernacle, des gerbes de fleurs champêtres, fraîches et vivement nuancées, qui remplissaient l'église de leurs suaves parfums. C'était une vieille et sainte femme, vrai génie du lieu, aussi décrépite que l'édifice qu'elle se plaisait à décorer, qui tous les matins venait placer sur l'autel ces humbles tributs de la nature. Il y a déjà longtemps que cette femme n'est plus ; et personne n'a songé à rafraîchir ses fleurs, à les changer d'eau, à remplacer les bouquets flétris. Séchés et épars, ils noircissent peut-être encore maintenant dans des vases de faïence coloriée.

L'architecture primitive de l'ancien monument ne laisse pas d'accuser un certain génie. Les larges nefs dont il ne reste que trois travées ont encore quelque chose de majestueux dans leur ensemble mutilé. Les colonnes, d'un style plus simple que celui de Saint-

Martin ne manquent pas de légèreté. Leurs chapiteaux, leurs frises, leurs archivoltes, sont d'une pureté exquise, d'une exécution très-finie. Le jour pénètre dans l'intérieur par des ouvertures sans caractère. Des dessins anciens font voir qu'autrefois les fenêtres du chevet étaient à ogives élancées et à compartiments, dans le style du treizième siècle. Les murs sont tapissés d'images de pierre informes pour la plupart et peints en couleurs vives. Voilà saint Nicolas; chaque année, le 6 décembre, la jeunesse chablisienne, qui ne manque jamais de fêter le protecteur de l'adolescence, le couvre de rubans. Voici les patrons des corporations ouvrières : saint Vincent, saint Eloi, saint Jean décapité, saint Roch, saint Crépin. Cette statue badigeonnée de la tête aux pieds, qu'on a suspendue à droite du maître-autel, représente saint Pierre, le premier chef de l'Église. Cette autre qui est placée à gauche, sur un socle peu élevé, remonte, comme l'église, au XIIe siècle. On l'a trouvée, en 1836, enfouie dans le cimetière. Le personnage de pierre, chevelu et barbu, ressemble à un évêque, par sa large et haute mître, ornée de perles des deux côtés. Il a plus de six pieds de haut; de ses épaules descendent un appendice et un large manteau à plis ondoyants, dont les bords, parsemés d'aigles, retombent jusqu'à ses pieds, chaussés de brodequins antiques. Dans sa main, il soutient une espèce de manuscrit relié en forme de coffret.

Le terrain au sein duquel cette statue a été trouvée couchée parmi les ossements, supportait encore, il y a cinquante ans le squelette d'une église vénérable par les grands souvenirs qu'elle évoquait, Sainte-Marie-de-Charlemagne. Nos pères avaient voué une espèce de culte à ce monument délabré. Sainte-Marie-de-Charlemagne, c'était tout le passé de Chablis sorti avec un corps de la terre du massacre et baptisé du sang des nations. J'ai entendu raconter maintes histoires étranges dont elle fut dit-on le théâtre. C'est des crevasses de ses murs penchés, couronnés de lierre et de vigne-vierge que s'envolaient, à la nuit tombée, les esprits gnomiques qui présidaient aux contes de la veillée. Les enfants ne passaient jamais dans son rayon qu'avec crainte. Les vieillards l'idolâtraient : elle avait dix fois vécu comme le plus âgé de la contrée.

— A l'époque funeste de la terreur, une douzaine de bandits, aveuglés par les passions démagogiques, sous l'empire de l'ivresse et de brulantes tirades décochées contre la société et la religion, osèrent attaquer à coups de pics les ruines sublimes de Saint-Charlemagne. En peu d'heures, les pioches révolutionnaires firent au vieil édifice de plus larges brèches que les siècles qui pesaient sur sa tête branlante. Quelques braves vignerons, indignés d'un tel outrage au culte et aux traditions paternelles accoururent en toute hâte arrêter l'horrible travail des démolisseurs. Une lutte homicide s'engagea : la bonne cause en sortit victorieuse.

Quand on mit un frein à leur enthousiasme destructeur, les brigands venaient de pénétrer avec effraction dans l'église St-Pierre. Déjà, nouveaux iconoclastes, ils mutilaient de leurs marteaux les bas-reliefs qui ornent les deux autels que l'on voit encore à droite et à gauche de la porte principale, et représentent des scènes de la vie de Jésus-Christ. Moins que ceux de tous autres personnages, le visage du Dieu fait homme porte le stigmate de la furie des sans-culottes. On dirait que le bras du sacrilége aurait hésité à frapper son rédempteur à la face, comme si, dans de pareils moments, le remords pouvait passer par une conscience bouleversée. L'histoire, terrible dans sa justice et son inflexibilité, flétrira toujours de ses soufflets vengeurs les auteurs d'aussi lâches attentats. Aujourd'hui elle les voue à l'exécration de mes concitoyens par ma bouche toute patriotique. En vain, on tâchera de les excuser en disant qu'ils voyaient moins dans les églises des monuments religieux que des édifices coupables de la tyrannie ecclésiastique et cimentés du sang des peuples. On ne pardonnera jamais à des forcenés qui ont insulté le génie humain dans tout ce qu'il a enfanté de grand et de beau. J'en demande pardon à l'humanité : ces forfaits avaient eu déjà des exemples lors des guerres civiles du XVIe siècle. Les terroristes ont, pour ainsi parler, copié les religionnaires. La seule différence des deux époques est qu'au XVIe siècle le signal de la ruine et du massacre partait d'en haut, et qu'en 93 les chefs des égorgeurs sortaient de la fange des faubourgs.

En présence des chefs-d'œuvres des Huguenots modernes, je maudissais presque les principes admirables de notre première révolution et les hommes héroïques qui l'ont illustrée, quand tout à coup, une immense langue de feu sillonna la nue, illumina la voûte et le bruit lointain et saccadé d'un coup de tonnerre vint se briser contre les arceaux. Le vieillard n'avait pas menti : un ouragan était prêt de crever sur la ville. Le nuage qu'un vent du sud-ouest avait apporté sur ses ailes brûlantes était si bas qu'il semblait se déchirer contre la pointe de la tour carrée ; des taches d'un blanc livide — indice de grêle — parsemaient ses flancs noirs. J'étais à peine sorti de l'église, que quatre vigoureux jeunes gens se précipitèrent dans le cimetière, ouvrirent une petite porte percée au pied de la tour et se précipitèrent dans un escalier tortueux. Je les suivis : nous mon-

CHAPITRE II. 129

tâmes rapidement jusqu'à soixante pieds de hauteur par des marches usées, puis rampant le long d'une échelle roide et vermoulue, nous parvînmes au clocher. La charpente en bois de chêne est de toute magnificence. Restaurée au XVIIIe siècle avec la tour elle-même et la porte principale de l'église, elle supportait alors, outre le toit, trois cloches énormes dont on voit encore les coursiers. L'une, dit-on, a été transportée à Auxerre; l'autre, brisée dans le clocher, en 92, a été précipitée en bas pour être coulée en canons. Le même sort attendait la troisième, si la corporation des vignerons, à la tête desquels se trouvait placé un bon citoyen nommé Bègue dit Mondus, ne l'eut rachetée au commissaire des guerres. Cette cloche, refondue à deux fois différentes sous la monarchie, et tenue sur les fonds de baptême par Mme de Chéron, est encore entourée du respect et de la vénération de la population laborieuse. Les jours de fêtes religieuses, patronales ou patriotiques, ses joyeux bourdonnements témoignent de l'allégresse publique. Ce soir-là, selon une coutume antique, on la sonnait pour conjurer l'orage. A la lueur des éclairs, lorsque la voix formidable de la cloche se mêlait aux éclairs de la foudre, c'était vraiment un spectacle fantastique que de voir ces quatre hommes, tous ruisselants de sueur, réunir tout ce qu'ils avaient de forces pour continuer le branle de la lourde masse. Deux d'entre eux, suspendus à un levier transversal, placé sur le mouton perpendiculairement aux points d'appui, le tiraient alternativement de haut en bas, avec des efforts herculéens. Les deux autres, debout sur une poutre élevée et penchés sur le coursier, aidaient et réglaient le mouvement à l'aide de crampons de fer adhérents au mécanisme. Quelquefois, dans ses immenses balancements, l'énorme battant rasait presque la tête des sonneurs ; et alors, je me sentais frémir de la tête aux pieds, une sueur froide perlait sur mon front.

Pendant plus d'un quart-d'heure la charpente ébranlée craqua dans toutes ses jointures, et les derniers sons de la cloche ne s'éteignirent qu'avec les derniers roulements de la foudre. Quand le plus profond silence eut succédé au bruit de l'orage et aux vibrations métalliques, tout en complimentant les jeunes gens de leurs vigoureux efforts, j'essayai de leur démontrer, — grâce au peu de physique que j'ai appris au collége — que si, d'un côté, comme ils le prétendaient, le son avait cette propriété d'écarter la nuée, d'autre part, il attirait sur le sommet de la tour, les courants électriques. Mais, je pérorai en pure perte, les sonneurs ne voulurent pas me comprendre ; ils répondaient en souriant, qu'en temps d'orage, qu'ils sonnaient comme leurs pères avaient sonné, et que toujours ils s'en étaient bien trouvés. Je me tins pour battu ; mais intérieurement je souhaitai, dans l'intérêt public, qu'un arrêté municipal interdit cette coutume. Mieux que tous les raisonnements possibles, le prestige de l'autorité arrache les préjugés du cœur du peuple, lors même qu'ils y sont enracinés depuis des siècles.

En terminant ce chapitre, je rappellerai que l'œuvre de destruction des terroristes envers Sainte-Marie de Charlemagne, fut continuée officiellement, dix ans après. En 1804, la vieille église était définitivement rasée.

CHAPITRE III.

La révolution communale.

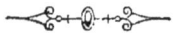

> Libertas.... sera.... respexit incrtem.
> VIRGILE.

Intérêt qu'inspirent les révolutions communales. — Leur but. — Caractère de la révolution communale à Chablis. — Réaction du Prévôt. — Système de défense du chapitre. — Anserik de Mont-Réal. Ses exactions. — Priviléges des grands advoués. — Sous-advouerie du comte de Nevers, seigneur de Noyers. Sa conduite avec le Chapitre et les hommes de Saint-Martin. — Expédition de Henri II de Champagne en Palestine. Don volontaire des habitants de Chablis. — Brigandages du sire de Noyers. Il traite avec la collégiale. Règlement de 1204. Protestation du peuple. — Tournois à Chablis. — Progrès de l'esprit public. — Symptômes de rébellion. *subditi estote.* — Prévôtés de Guillaume Odart et de Guillaume de la Chapelle. — Nouveaux règlements. — Révolte des femmes. — Répression du prévôt. — La Commune. — Philippe-Auguste la détruit. — Réclamation de Garnier Berner. — Arbitrage de 1219. — Concession du Pâtis. — Rachat de la main-morte. — Sacrifices des habitants de Chablis pour la liberté. — Fondation de l'hospice. — L'école des filles. — Contrastes. — Souvenirs de 48.

Dans la plupart des histoires locales, les pages les plus saisissantes, qui attachent le plus fortement le lecteur, sont sans contredit celles où l'écrivain expose la lutte du servage contre le privilége, du peuple opprimé avec le suzerain oppresseur. Toujours on aime à suivre, avec une avidité fiévreuse, toutes les péripéties de ce drame social qui a nom la *révolution communale*. On ne se lasse jamais d'assister à toutes ses scènes, même lorsque le théâtre en est étroit. Sans doute on éprouvera plus d'émotions à voir repasser sous ses yeux les différentes phases de l'affranchissement d'une cité populeuse. Le tragique, qui toujours y occupe une grande place, excite une curiosité plus vive. Mais, lors même que les citoyens n'ont pas scellé leurs chartes de leur sang, l'historien ne peut se défendre d'un penchant irrésistible à admirer l'héroïque persévérance dont ils ont fait preuve pour les obtenir. A Chablis, par exemple, après que le mouvement insurrectionnel eut été comprimé par une force armée, j'ai suivi avec bonheur les efforts des habitants cherchant à briser, anneau par anneau, et autrement que par le fer, la chaîne si pesante de la féodalité. Leurs combats, sans intérêt pour le dramaturge, n'en ont pas manqué pour moi; par cela même que sous l'empire de ce mot magique *affranchissement*, j'ai compris le caractère sublime qu'imprima à cette lutte, le courage, l'opiniâtreté et l'ardeur généreuse des assaillants. Car, j'ai la prétention de témoigner plus de sympathies à ces communes qui, malgré les intrigues rétrogrades ont toujours marché en avant et d'un pas égal, qu'à celles qui, libres un jour par le triomphe de l'émeute, ont perdu, le lendemain, par leur apathie, ce qu'elles avaient conquis la veille de liberté individuelle.

Je dis *liberté individuelle*, parce que les insurrections locales du moyen-âge, quoique nées d'un mouvement démocratique très prononcé, n'avaient pas tant pour but la liberté dans le sens que nous lui donnons maintenant que l'affranchissement de la matière. Voilà ce qui fait la différence de ces révolutions partielles avec le mouvement un et spontané de 89. Au XIIe siècle, lorsque des bourgeois juraient d'ériger leur ville en commune, ils se révoltaient contre le pouvoir établi pour acquérir le droit d'aller et de venir, de vivre chacun selon ses moyens et sa volonté, de jouir en toute confiance de sa famille et de sa propriété, d'établir une justice dont le dispensateur ne fût pas à la fois juge et partie. Au contraire, en 89 où la royauté reconnaissait presque toutes ces conditions d'être d'un état civilisé, on a voulu réhabiliter la société non plus dans ce qu'elle avait de matériel, mais dans son existence morale. L'égalité politique et judiciaire, la liberté de la conscience, de la pensée, de la presse, le droit de se réunir, de s'immiscer aux affaires publiques par l'intermédiaire de leurs députés, l'acquisition de garanties pour les institutions nouvelles, tels étaient les motifs qui faisaient réagir contre l'absolutisme nos pères de 89. En ce sens, ils ne faisaient qu'assurer la mise en pratique de dogmes et de principes politiques enfantés au XVIIIe siècle, et dont on n'avait aucune idée au XIIe.

A Chablis, l'insurrection de la servitude contre la tyrannie féodale fut pour ainsi dire toute pacifique. Les habitants n'étaient pas assez nombreux pour conquérir leurs chartes à la pointe de l'épée, les sceller avec le pommeau et se tenir toujours prêts à les défendre le fer à la main. Pour lutter contre l'oppression, ils employèrent un moyen moins énergique, il est vrai, mais plus rationnel : ils réclamèrent au nom du droit commun. La guerre se fit donc sourdement. A peine si elle trahit quelques étincelles du courroux populaire. Une seule fois la rébellion leva le masque et déploya son étendard. Mais la féodalité le foula aux pieds avant que le sang ait coulé. Malgré cet échec, les opprimés reprirent l'offensive. Toujours vive et incessante, la lutte se poursuivit pendant tout un siècle à l'aide de plaintes, de réclamations, de demandes d'arbitrage, d'exigences de remises de droits féodaux. Pour parvenir à leurs fins, les vilains employaient tantôt la menace et la corruption, tantôt l'ironie ou la prière. Souvent ils invoquaient les sacrifices faits aux progrès du libéralisme par les suzerainetés d'alentour. Tous moyens leur semblaient bons pour s'affranchir. En vain le chapitre et le prévôt se retranchèrent derrière le mot sacré de *propriété*; en vain ils invoquèrent *l'ordre,* cette sublime prostituée de tous les régimes ; en vain ils défendirent leurs priviléges par des interdits, se hérissèrent de versets de l'Écriture appliqués subtilement à la situation, menacèrent tout révolté de la colère divine et des tortures humaines ; il fallut céder le terrain pied à pied. Cependant, malgré leurs efforts continuels, les habitants ne parvinrent jamais à obtenir les franchises municipales si étendues que le Tiers-État arracha à la féodalité dans le plus grand nombre des villes. A tel point que la centralisation monarchique, qui anéantit les priviléges des communes de France, fut en quelque sorte à Chablis favorable à la liberté.

Ce qui rendit plus difficile à nos pères leur émancipation sociale, à l'époque où cette grande idée commença à fermenter dans le royaume, c'est que alors trois puissances féodales avaient intérêt à maintenir Chablis dans son ancien état de servitude. Le comte de Champagne, Henri Ier le Libéral, occupé tantôt à la défense de ses états, tantôt guerroyant au loin pour l'honneur, se trouvait dans l'impossibilité de remplir toutes les conditions de l'advouerie de St-Martin : il se vit donc contraint de s'en reposer sur un fondé de pouvoirs. Telle fut l'origine de la troisième autorité aristocratique qui, de concert avec la collégiale et son grand advoué, domina sur notre ville. Le haut et puissant seigneur auquel Henri le Libéral inféoda, avec les pompes de la chevalerie, l'advouerie de Saint-Martin, jouissait dans tous les châteaux d'une grande réputation de bravoure et de loyauté, il s'appelait Anserik de Mont-Réal, et appartenait par les liens d'une parenté très-éloignée, à l'illustre famille de Chastellux. Par l'acte même de cette investiture, Henri Ier donna un formel démenti au serment qu'il avait prêté à son avènement de ne jamais se décharger sur personne de ses fonctions de grand protecteur de Chablis. Aussi, lorsque Anserik vint remettre au prévôt de Saint-Martin les parchemins qui lui conféraient le titre et les pouvoirs de vicaire ou viguier des comtes de Champagne, le chapitre, assemblé en tumulte, refusa de le reconnaître, et protesta même énergiquement. Séance tenante, il députa à Troyes, le prévôt Maurice, Asalon et Robert de Vernevelle, chanoines de la collégiale, pour faire des remontrances au comte de Champagne et l'engager vivement à revenir sur sa décision. Henri Ier fit répondre aux envoyés qu'il n'avait aliéné à Anserik de Mont-Réal ni son droit de gîte et de procuration, ni le serment que lui devaient les habitants de Chablis, ni la garde haute de Saint-Martin, mais seulement *l'utile*, c'est-à-dire les revenus de sa charge. Le prévôt Maurice qui vit bien que le comte ne retirerait jamais la parole qu'il avait donnée à Mont-Réal, dissimula son désappointement et s'employa auprès du grand chancelier de Champagne pour obtenir une confirmation authentique de la déclaration de Henri Ier. Le chancelier accéda aux instances de Maurice et le cartulaire de l'inféodation de *l'utile* de l'advouerie de Chablis fut scellé, en 1151, du sceau palatin de Champagne et de Brie, en présence de Thibault, comte de Blesse, Guillaume, comte de Nevers, Ode, constabulaire, Guillaume de Dompierre, Aserin de Sagnelle, témoins d'Anserik, qu'assistaient au nom de l'église Saint-Martin, Guillaume, archidiacre de Sens, Landri de Tréci, Maurice, prévôt, Asalon chanoine, Jean, maïeur de Chablis (*), Raenbault et Milon, sergents de la collégiale.

Mais, pour inféoder aux sires de Mont-Réal l'*utile*

(*) Le maïeur de Chablis, magistrat de police, nommé par le chapitre de St-Martin de Tours, veillait aux intérêts matériels de la collégiale, faisait exécuter par ses agents les ordres du prévôt, remplissait les fonctions d'accusateur au tribunal seigneurial, et répondait de tous les condamnés jusqu'à ce qu'il les eût livrés au geôlier de la prison prévôtale, ou à *l'acinace*, au glaive du boureau.

d'une advouerie qui, dans le principe, ne leur rapportait aucun bénéfice, les comtes de Champagne, avec les années, s'étaient donc prévalu de leur titre pour attacher à leurs fonctions les émoluments fixes?
— Un cartulaire de la bibliothèque de Thou tranche facilement cette question, en nous faisant connaître que, vers l'an 1140, les priviléges du protecteur de Saint-Martin, presque nuls du temps de Thibault le Tricheur, se formulaient ainsi qu'il suit :

1° « De même que le chapitre, le comte a, à Chablis, le ban-de-vin, pendant trois semaines de l'année, à sa volonté. Le sergent du comte assemble le mandement de Saint-Martin pour savoir s'il veut mettre son ban ; s'il y consent, le comte peut aussi mettre le sien. Dans tout le territoire de Chablis qui doit le ban, personne ne doit vendanger avant la Saint-Rémy — 1ᵉʳ octobre — sans le mandement du comte et de Saint-Martin entre lesquels se partagent les amendes du ban.

2° Tous les fossés qui entourent le castrum et le bourg, les murs du castrum et la forteresse appartiennent au comte et au bienheureux Martin, avec la justice et les amendes desdits lieux où le comte ne peut bâtir sans la permission du prévôt, ni le prévôt sans celle du comte.

3° Au comte, chargé de la garde et tuition des

clercs et laïques, des moines ou convers, reviennent à Chablis, les échoîtes, tant des hommes libres que des serfs ou des étrangers sans seigneurs. Et dans l'intérieur de la ville, tout ce qui n'est pas amendable du bienheureux Martin ressortit de la justice du comte. Celui-ci possède ses cens à Chablis et une directe portant vente; il a des hommes, un manoir, des rues autour du manoir, des maisons dans le château et dans le bourg. La charge d'advoué lui rapporte en outre de l'avoine, du vin et des deniers.

4° Il y a dans la ville quatre sergents qui ne sont justiciables que de sa cour. Ces sergents, révocables à volonté, sont exempts de jallage, de minage et de toute autre imposition. Chaque année, le comte tient procuration dans la ville, et tous doivent venir lui prêter le serment obligé, fors les clercs, les hommes d'armes et les sergents de Saint-Martin.

5° Lorsqu'il publie le ban, le crieur ne doit publier que de par Saint-Martin et de par le comte, sans y comprendre aucun autre. »

— Ce document authentique n'a pas besoin de commentaires pour démontrer d'une manière suffisante que, loin de se considérer toujours comme des instruments passifs de défensive entre les mains du prévôt; les comtes de Champagne ne s'étaient pas fait scrupule d'empiéter sur les prérogatives de St-Martin.

Par suite de l'acte d'investiture passé en 1151, au profit d'Anserik de Mont-Réal, les manans de Chablis dépendirent de fait, de trois puissances distinctes, tandis que, en droit féodal, ils ne relevaient que de la collégiale, sauf fidélité à l'advoué. La population humble qui voyait déjà poindre, aux horizons de l'avenir, l'aurore d'une ère nouvelle, gémit, silencieuse, sur les immenses progrès du despotisme. Elle comprenait que la féodalité penchait sur le puits de l'abîme, que Dieu lui en forgeait la clef et que la servitude brisait en ce moment les sept sceaux du livre de sa colère.

Et cependant la main puissante qui comprimait la liberté chablisienne venait de revêtir un formidable gantelet : Anserik de Mont-Réal pouvaient appuyer sa tyrannie sur de nombreux fers de lance; quand il tirait sa large épée, quarante glaives en réfléchissaient les éclairs homicides. Insatiable de plaisirs, il monoya les mœurs, les larmes et le sang des esclaves, il étreignit, comme un vampire, le corps desséché du pauvre peuple et suça sans relâche les quelques gouttes de fluide argenté qui coulaient encore dans les veines taries de la roture. Puis, lorsqu'il eut épuisé tous les moyens fiscaux et vexatoires, lorsqu'il eut réduit à la manière la plus atroce une ville qu'il avait en garde, il sous-inféoda l'advouerie de Chablis, à la réserve de l'hommage et quelques rentes, au comte de Nevers, seigneur de Noyers. Ce dernier, dans l'impossibilité de retirer des priviléges de sa charge, même le montant de la redevance qu'il s'était engagé à payer à Anserik, s'attaqua au chapitre de Saint-Martin, faucha ses *fourments*, ravagea ses vignes, tailla les clercs et perçut les tenûres du prévôt. Dans cette extrémité, la collégiale députa, à la cour de Louis VII, le maïeur Stéphane Wouthard, qui protesta, en présence des pairs, contre les violences inouïes du sire de Noyers. Indigné des outrages dont ce seigneur abreuvait Saint-Martin et ses hommes, le roi de France envoya par un héraut d'armes, au sous-advoué, une lettre menaçante qui, pour un moment l'intimida, et mit un terme à ses exactions.

La lettre du roi Louis VII n'était qu'un vain palliatif appliqué sur la plaie gangréneuse qui dévorait, fibre par fibre, la masse des habitants de Chablis; le seul remède capable de le guérir radicalement consistait à tailler dans le vif le cancer féodal. Mais l'heure de cette cure glorieuse tardait à sonner pour nos pères. Ils pesaient trop bien le peu de chances qu'ils avaient de réussir, pour tenter quelque mouvement téméraire. D'ailleurs, l'ennemi se tenait sur ses gardes; peut-être machinait-il quelque trame de vengeance? au lieu de chercher à terrasser le monstre de l'arbitraire, au risque d'être étouffées, la prudence conseillait plutôt à ses victimes de prévenir une attaque nouvelle. C'est pourquoi, dans ce temps-là, les notables du bourg ayant appris, qu'avec les trois héros du temps, Philippe Auguste, roi de France, Richard Cœur-de-Lion, roi d'Angleterre et Frédérik 1er Barberousse, empereur d'Allemagne, le fils de leurs anciens advoués, Henri II de Champagne, se disposait à se croiser une seconde fois contre les musulmans, les notables, avec le consentement du chapitre de Tours, offrirent au jeune comte une somme de trois cents livres, afin de se ménager son amitié et ses bons offices.

Mais hélas! Henri II était un prince trop léger pour comprendre l'immense valeur du sacrifice que s'imposaient les habitants de Chablis, et leur en garder la moindre reconnaisance. Loin de songer aux populations que le comblaient de présents, le comte de Champagne sacrifia follement tous les dons qu'on lui fit, *ob Christi negotium et auxilium viæ Hyerosolimitanæ*, aux fougueuses passions de son favori, André de Brienne. Plus que la bulle de Grégoire VIII, ce jeune débauché avait décidé le comte de Champagne à retourner en Palestine, non pas en s'adressant à la valeur chevaleresque de Henri, ni à sa piété politiquement louée par le pape, mais en réveillant dans le cœur de son maître le souvenir des voluptés indicibles dont il s'était déjà enivré sur la délicieuse terre d'Asie. Si le maître et le favori avaient pu lire dans l'avenir comme l'historien dans le passé, ils n'auraient jamais quitté les plaines champenoises pour les vallons palestins ; car tous deux y périrent d'un trépas peu glorieux : Brienne fut surpris par la mort entre les bras de ses courtisanes ; le comte de Champagne, inconsolable de la perte de son ami, expira écrasé sous les débris d'une muraille.

Henri II laissa trois filles, Marie, Alix et Philippote. Leur oncle Thibault III, grâce la protection de Philippe Auguste, s'empara des comtés de Champagne et de Brie. Le roi de France alla même jusqu'à accorder à l'usurpateur la main de Blanche de Navarre, princesse d'une merveilleuse beauté. De ce mariage, Thibault III n'eut qu'un fils posthume qui lui succéda sous le nom de Thibault IV, porta les couleurs de la mère de Louis IX, Blanche de Castille, et fut le poëte de ses amours.

Pendant le règne de Thibault III, les habitants de Chablis réparèrent, à force de labeurs, une partie des maux que leur avaient causés Anserik de Mont-Réal et le seigneur de Noyers ; Monsieur le grand prévôt obèse et blasé ne tyrannisa que ses maîtresses ; le maïeur vola la collégiale ; le doyen décora l'église Saint-Martin, le chantre fit une collection des reliques les plus en vogue à cette époque. Et à dire vrai, l'espoir et la confiance renaissaient chez les hommes de Saint-Martin, lorsque Miles de Noyers arriva de Palestine où il était allé laver dans le sang des Turks ses iniquités chrétiennes. Le digne chevalier revenait dans son manoir, gueux comme Gaultier, sans sol ni maille. Pour redorer ses éperons, il devait nécessairement *faire valoir* sa viguerie de Chablis. Aussi, quand, monté sur un cheval de bataille, il entra dans la ville par le faubourg Saint-Pierre, les vignerons se disaient les uns les autres que la faim et la misère se tenaient en croupe derrière lui (*). L'événement justifia ces appréhensions. Miles dressa son plan de campagne en brigand tacticien. Il extorqua avec une adresse raffinée, et rançonna dans les formes les hommes de Saint-Martin. Ceux-ci, pressés comme une éponge entre les mains avides du viguier, implorèrent l'appui de Monseigneur de Langres. Ce prélat fit tonner sur la tête de Miles les foudres ecclésiastiques ; et les exactions continuèrent plus criantes, plus audacieuses. Le grand prévôt crut satisfaire une cupidité aussi ardente en lui abandonnant quelques-unes

(*) Parchemins de Garnier Berner.

des prérogatives de Saint-Martin. Cette récompense donnée aux prévarications du sire de Noyers ne fit qu'accroître l'insolence de ses prétentions. Loin de reconnaître la prépondérance du prévôt, il se montra de plus belle jaloux et envieux de son autorité. La bataille entre les deux puissances féodales s'engagea décisive, acharnée. Mais le viguier gagnait du terrain, il usurpait droit sur droit, privilége sur privilége. Saint-Martin épouvanté se prosterna une seconde fois au pied du trône de France. Philippe Auguste, afin de prévenir une collision et d'opposer une digue aux deux ambitions en présence, engagea les parties adverses à consigner, sur parchemins valables, leurs pouvoirs respectifs.

Certes, en présence des mouvements libéraux qui se manifestaient dans la masse des serfs, le plus sage parti que pouvaient prendre les sires de Noyers était de pactiser avec Saint-Martin. La ligue des deux puissances rivales les sauva seule. Divisées et ennemies, elles seraient tombées détruites et anéanties, dès la première étincelle du courroux populaire. L'union les rendit presque invincibles. — Le réglement passé, en 1204, entre le chapitre et le viguier, retarda indéfiniment la révolution communale ; car il riva, plus fortement que jamais, au col des vassaux, le carcan de la féodalité.

Ce réglement commençait par une nouvelle proclamation de la souveraineté absolue de Saint-Martin sur les manans et tout le territoire de Chablis, les terres en culture, les jachères, les prés et les eaux, les moulins, les fours, etc.... Puis il reconnaissait la procuration du comte de Champagne et la viguerie du seigneur de Noyers,.. rappelait à tous les hommes leur état de vasselage et le serment de sujétion et de fidélité qu'ils devaient prêter envers et contre tous — *contrà omnes viventes* — au prévôt et à l'advoué. On lisait ensuite sur le cartulaire : « Le seigneur de Noyers ne peut établir de viguier à sa place qu'après un nouveau serment prêté au prévôt de le défendre, de tout son pouvoir, en sa vie, son honneur et ses membres. Le prévôt est grand régisseur du fief. Si une dénonciation ou clameur est dirigée contre quelque criminel, nul ne peut la recevoir que le prévôt, qui a seul qualité pour prononcer sur le crime. Personne autre que Saint-Martin n'a le droit de fuite à Chablis, *remanentiam* : c'est-à-dire de réclamer les hommes s'ils quittent la ville. Celui qui, après un séjour à Chablis, y aura pris femme et aura fait à Saint-Martin le sacrifice de sa liberté, sera libre à l'égard de son ancien maître; de même celui qui aura été absent de la ville un an et un jour devra, en y revenant, se donner à Saint-Martin. Seul, le prévôt, ou par délégation son maïeur, est grand justicier des hommes de Saint-Martin; il connaît les clameurs des clercs ou des serfs les uns contre les autres. Dans les affaires peu importantes, où l'amende ne peut dépasser trois sols, le prévôt connaît seul et l'amende entière lui revient; dans les causes graves, le grand justicier convoque l'advoué, indique, en cas de conflit, trois remises différentes, après lesquelles, si l'advoué ne représente pas un tribunal, le prévôt juge seul et donne la moitié de l'amende au viguier... Les clameurs des nobles, des hommes libres, des paroissiens des autres églises que la collégiale et des vassaux du sire de Noyers se portent d'abord à l'advoué, qui instruit l'affaire, puis en pourvoit le prévôt qui, après la formalité de trois remises, peut encore juger seul, comme s'il s'agissait des hommes propriétés de Saint-Martin. Le seigneur de Noyers ne doit s'emparer d'aucun serf du chapitre, ni l'arrêter, ni saisir aucune des choses qui lui appartiennent, sans la permission et la volonté du prévôt, et en présence de son mandement... Sur le château de Chablis, qui est appelé *clastrum,* le seigneur de Noyers n'a nul exercice de justice, pas plus que sur les murs, les fossés, le ban d'eau, le bois prévôtal de Beaumont et le territoire de la Clamentèle, pas plus que sur les sergents du chapitre, le ban de vin et de vendanges. Le crieur de la ville dépend du prévôt et garde les mesures dont le viguier ne peut s'emparer, si elles sont présumées fausses, que sur les ordres du justicier. Si lesdites mesures sont fausses en réalité, la moitié de l'amende prononcée contre le délinquant appartient au viguier. Ce dernier n'a pas de ban sur le domaine de Chablis ni cri de ban. Tous les hommes du territoire, indistinctement, sont en la garde du comte de Champagne qui, s'il est fait tort à quelqu'un, doit veiller à la réparation du dommage. Lorsqu'un homme est arrêté à Chablis pour forfait, le maïeur le retient en prison pendant une semaine, après laquelle il le remet entre les mains du viguier, si toutefois le coupable relève de Saint-Martin ; dans le cas contraire, c'est au viguier à le retenir en prison pendant une semaine, et à le livrer ensuite au prévôt... » A la fin du réglement, le chapitre reconnaissait le seigneur de Noyers comme vicaire du comte de Champagne et ayant qualité pour jouir à Chablis des priviléges attachés à la charge de la viguerie, c'est-à-dire : les échoîtes, les revenus de la justice prévôtale sur la moitié du *clastrum*, le tiers des amendes prononcées pour rupture de ban de vin et de vendanges, etc... De plus, le prévôt sanctionnait les droits que le viguier s'était récemment arrogés sur la moitié du minage, du rouage et de l'estallage.

Lorsque, monté sur une mule et précédé d'une

cornemuse, le crieur parcourut la ville et les faubourgs de Chablis pour annoncer, en langage vulgaire, le nouveau contrat de leurs seigneurs et maîtres, les habitants fermèrent leurs portes et défendirent même aux enfants de sortir dans la rue. Les sergents du sire de Noyers et les gens d'église entendirent seuls la lecture de cet acte honteux qui proclamait une fois encore le vasselage de la cité et la puissance de ses oppresseurs. Cependant, comme aux jours de grande fête, le maïeur ne fit pas sonner le couvre-feu et alluma un feu de joie sur la place du marché; mais, presque tous les vignerons et autres gens de métier se couchèrent à sept heures, comme à l'ordinaire. Les femmes qui, malgré la défense de leurs maris, allèrent chanter Noël et danser avec les clercs autour du feu de joie furent battues le lendemain par leurs compagnes (*). — Cette protestation du peuple, muette il est vrai, mais d'une éloquence si significative contre la consolidation des pouvoirs seigneuriaux, indique, mieux que ne pourrait le faire la plume la plus exercée, quelles étaient, aux premiers jours du XIIIe âge, les dispositions des habitants de Chablis envers la collégiale, le prévôt et le sous-advoué.

Le moment est arrivé où je dois expliquer com-

(*) Parchemins de Garnier Berner.

ment l'esprit anti-féodal a pu prendre à Chablis de vastes développements. Le peu de distance de notre cité des trois communes dont la lutte libérale eut un si grand retentissement dans toute la France, la faisait presque assister aux combats que Sens, Auxerre et Vézelay livrèrent à l'oppression, de sorte que les idées brûlantes dont ces trois villes étaient le foyer vinrent, pour ainsi dire, converger sur la nôtre. N'oublions pas que nos pères, par la vente de leurs vins, se trouvaient sans cesse en relations avec des cités où le système communal portait d'heureux fruits. Dans leurs voyages, ils puisaient partout les principes régénérateurs de la société asservie, et ensuite ils les répandaient dans leurs familles, malgré l'inquisition cléricale. Chablis, d'ailleurs, à cause de ses tournois, devenait pour ainsi dire le rendez-vous des populations d'alentour, et cette circonstance ne contribua pas peu à entretenir, dans le cœur de ses citoyens, la haine du pouvoir établi et l'espérance d'un meilleur gouvernement. Les hommes de Saint-Martin sentaient l'enthousiasme libéral les gagner malgré eux, lorsque tout un peuple rassemblé dans leurs murs, de dix lieues à la ronde, pour assister aux combats chevaleresques, ne proférait que des imprécations contre le système en vigueur, traçait d'effrayants tableaux de ses abus, applaudissait à tous les efforts tentés pour en briser le joug, et se concertait pour un avenir dont personne n'osait mesurer l'étendue. — Je le répéterai : ces plaintes universelles contre la féodalité, ces projets de résurrection sociale avoués hautement en leur présence, ne pouvaient faire autrement que de réveiller de bonne heure, parmi nos pères, les idées municipales éteintes avec les curies gallo-romaines.

Les résultats de l'affluence nombreuse des populations voisines à Chablis m'amènent à considérer que quand les comtes et les barons étalaient dans les joûtes guerrières l'appareil de leur puissance, les vassaux conspiraient pour la réduire à néant. C'était, dis-je, pendant que les seigneurs s'écharpaient les uns les autres, pour l'honneur et le plaisir des châtelaines, que le peuple travaillait à la réhabilitation de ses femmes et de ses filles. Tandis que les nobles se ruinaient en prodigalités luxueuses, déshéritaient leurs autres enfants pour enrichir l'aîné, se déshonoraient à l'envi pour avoir le plaisir de s'égorger ensuite, la roture consolidait les bases de la véritable famille, de la propriété proprement dite. — L'aristocratie contemporaine ne semble pas avoir compris que ses priviléges couraient les plus grands risques, alors même que ses humbles sujets étaient assemblés, sans armes, en présence des arguments matériels de la force coërcitive. Une charte de Pierre, comte d'Auxerre, fournit une preuve historique à mon assertion. Ce puissant seigneur, obligé d'octroyer à ses manans l'exemption d'un grand nombre de servitudes, mit pour condition expresse à leurs franchises qu'ils l'accompagneraient aux tournois de Chablis (*). L'aveugle! il ne pressentait pas qu'en assistant à ces fêtes de la féodalité, la haine de son despotisme s'infiltrait plus profondément dans le cœur des peuples. Le lecteur saura toutefois que les nobles champions allant se signaler dans les joûtes, ne s'entouraient pas seulement par orgueil d'une multitude de vassaux et de vavasseurs. Lorsque, avec tous ses barons : Philippe de Gien, Dreux de Merlô, Ithier de Toucy, Imbert de Taillenay, Gherard d'Arcy et Hugues de Courçon, — Pierre de Courtenay, comte d'Auxerre, entrait dans l'arène chablisienne, suivi du ban et de l'arrière ban de ses hommes d'armes, il trouvait une occasion d'étaler sa puissance aux yeux de ses voisins. Cet appareil formidable donnait à ses états un gage de sûreté. Il semblait défier les seigneurs d'alentour réunis dans le même champ-clos, le sire de Noyers, Guillaume de Joigny, Pierre de Traînel et les autres féaux des comtes de Champagne. — Pour revenir à mon idée première, j'ajouterai que les épreuves même des tournois étaient utiles à la liberté. Le triomphe du vainqueur

(*) Lebœuf. Hist. Civ. d'Aux. Chap. X.

9.

excitait toujours la jalousie du vaincu. De là des haines implacables. Aussi, lorsque les serfs d'un seigneur se révoltaient contre sa tyrannie, le seigneur voisin, au lieu d'armer contre les rebelles, se réjouissait de l'affaiblissement d'une puissance rivale, comme si la sienne propre n'était pas menacée par la contagion de la révolte.

Blanche de Navarre régissait encore la Champagne et la Brie quand les passions populaires commencèrent à se déchaîner dans la ville de Chablis. Les préliminaires de l'insurrection consistèrent en menaces de la part du peuple, auxquelles on répondit par des menaces. Dépourvus de forces militaires dévouées à leurs intérêts, et ne comptant qu'à demi sur le zèle du viguier, le chapitre et le prévôt usèrent de toute la puissance que leur conférait une légitime autorité spirituelle pour soutenir leurs prétendus droits temporels. Ils se firent constamment de l'Évangile un rempart contre toutes les aggressions des rebelles. Mais l'appropriation des saintes Écritures à la défense de la tyrannie féodale n'abusa pas toutes ses victimes. Un jour même que le doyen, du haut de la chaire évangélique, laissait tomber sur les assistants ces paroles de l'Apôtre : *Servi subditi estote* (*). Esclaves, soyez soumis ! — un des auditeurs, Laurent Vautrouillé,

---

(*) S. Petrus — I. Epist. v. 18.

s'écria : *Deus exaltabit humiles!* — Dieu élèvera les humbles !

Ce défi prophétique, jeté à la face du chapitre, lui fit ouvrir les yeux sur les périls de la situation. En présence de ces symptômes manifestes d'une révolte jurée, il songea à resserrer davantage tous les anneaux de la lourde chaîne que le peuple traînait à son pied depuis quatre siècles. Guillaume Odart, prévôt perpétuel de Saint-Martin, homme faible et irrésolu, ne présentait pas, dans ces temps de crise, à la collégiale, des garanties capables de la rassurer sur le salut de ses priviléges. Aussi l'engagea-t-elle à se démettre, pour sept années, de sa dignité, entre les mains d'un chantre de la Métropole de Tours, Guillaume de la Chapelle, connu par son caractère énergique et son enthousiasme pour l'indépendance des droits ecclésiastiques. Odart sut plier aux circonstances : il se dépouilla de bonne grâce en faveur de Guillaume de la Chapelle, par un acte authentique passé devant le roi Philippe Auguste, avec le consentement de la comtesse palatine de Troyes, Blanche de Navarre. Dès qu'il fut investi des attributs de sa charge, le nouveau prévôt fit pilorier, sur la place du marché, Laurent Vautrouillé, ce courageux bourgeois qui n'avait pu étouffer le cri de sa conscience le jour où il avait entendu appliquer, en dénaturant leur sens, à un système de compression égoïste, des paroles du plus grand apôtre de la fraternité chrétienne (*). — Le supplice de Vautrouillé jeta l'épouvante dans la ville et les faubourgs de Chablis. La Chapelle profita habilement de son triomphe : il fit publier en chaire une bulle épiscopale de Monseigneur de Langres, qui frappait d'anathème les hommes liges qui violeraient le serment de fidélité prêté à Saint-Martin ; puis, non content de tirer parti de la superstition des serfs, il essaya encore de légaliser à leurs yeux la souveraineté absolue de la collégiale, en faisant sanctionner son droit par des autorités suprêmes et en soumettant à leur approbation des réglements spéciaux qui déterminaient l'exercice des pouvoirs du prévôt (**).

(*) Garnier Berner.

(**) Voici des extraits de ces réglements :
..... Le droit de commandise appartient au prévôt : lui seul ou son mandement a qualité pour investir un mance d'un fonds de terre et recevoir les fermages de la tenûre — 1212.
.... Pour les hommes de Saint-Martin, le couvre-feu sonne, tous les soirs, une heure après le coucher du soleil. Le doyen du chapitre annonce dans la huitaine les jours où l'on ne sonnera pas le couvre-feu. Celui qui, sans permission, brûlerait, à heure indue, fagot, sarment, huile ou graisse, serait passible d'une amende de 2 sols 6 deniers. — 1213.
..... Nul ne pourra jamais établir à Chablis de justice autre que celle du prévôt et de son mandement, car le prévôt est haut justicier, il a droit sur le sang et la mort des hommes, *de sanguine et letho hominum* — 1214.
..... Le crieur est du prévôt. Il proclame gratis les faits et gestes

Enfin, pour habituer les manans à regarder Saint-Martin comme seigneur universel, Guillaume de la Chapelle acheta, moyennant deux mille livres, les rentes et l'hommage que les Mont-Réal avaient conservés à Chablis lorsqu'ils en inféodèrent l'advouerie aux sires de Noyers. Ce marché fut conclu en la maison chanoiniale, entre le prévôt et Guy de Mont-Réal, quatrième fils et héritier d'Anserik, en juillet 1216; Blanche de Navarre l'approuva au mois d'août suivant.

J'ai hâte de le dire : les mesures conservatrices prises par Guillaume de la Chapelle demeurèrent impuissantes devant le progrès de l'esprit public. En homme habile et judicieux, le prévôt de transition ne se dissimula pas l'inutilité de ses efforts. Et du reste, tous les esprits éclairés comprenaient parfaitement

du viguier; mais s'il crie pour des particuliers, vin, huile, blé, viande, etc., il reçoit un salaire qu'il partage avec son seigneur — 1214.

..... Ceux qui sortent de prison paient un sol pour droit de sceau et d'écrou — 1214

..... Au maïeur de Saint-Martin revient le tiers des amendes des forfaitures, *foris-factorum*. Le droit de remise appartient au prévôt; mais si minime que soit l'amende le maïeur prélève toujours son tiers... Les clameurs se portent devant le prévôt, le maïeur envoie les citations, si, au jour fixé par le tribunal, les parties ne s'y présentent pas. Le maïeur doit verser, dans les huit jours, entre les mains du prévôt, le revenu des vinages, justices, forfaits; et, il n'a que les trois derniers jours du ban de vin et seulement le tiers des amendes délictoires dans le ban de vendanges — 1216

— Notes communiquées. —

alors que des citoyens — qui n'avaient nulle garantie pour leurs personnes, leurs familles, leurs propriétés — que chaque jour révoltaient les abus de la justice féodale — dont on réglait la vie privée et les besoins de la nature — qui tous les ans payaient des impôts jusqu'à concurrence du quart de ce qu'ils pouvaient posséder — n'étaient que trop fondés à demander leur affranchissement politique et moral. Or, la Chapelle savait bien que la collégiale de Saint-Martin ne prendrait jamais envers ses hommes l'initiative de la liberté; il prévoyait, d'ailleurs que le temps était proche où le drapeau de l'affranchissement se déploierait à Chablis, en face de la bannière du chapitre ; et redoutant la lutte qui s'ensuivrait, malgré les instances de la Métropole de Tours, il quitta la prévôté, le jour de l'expiration de son bail administratif, à la Pentecôte de l'an de grâce 1218.

Les pouvoirs de Saint-Martin retombèrent donc entre les mains aussi débiles que téméraires de Guillaume Odart. Il y avait à peine quelques mois que ce prévôt avait repris ses fonctions quand un acte d'opposition systématique, de la part des femmes, donna le signal de l'insurrection contre le gouvernement clérico-féodal. — J'ai dit plus haut que M. le prévôt, pour prix de leur cuisson, prélevait le quinzième des pains, *gasteis* ou *tourteaux* portés au four banal. Les mères de famille sachant bien tout ce que, avant d'arriver à cet état de préparation, la pâte leur coûtait, ainsi qu'à leurs maris, prirent la résolution de ne plus faire cuire leur boulange au four seigneurial. Odart, que ce refus du droit des tourteaux et de gastellage privait d'un revenu considérable, concentra sournoisement sa colère. Il ne voulut — ou plutôt il n'osa point — recourir à la force armée pour contraindre à l'obéissance le sexe révolté. L'excellent pasteur avait sous la main un moyen plus politique et plus sûr : celui d'affamer ses brebis. Il enjoignit donc aux meuniers du chapitre de ne plus moudre qu'au prix d'une pinte de farine par boisseau de grain ; ce qui le faisait rentrer dans son bénéfice. Les habitants, poussés à bout, s'adressèrent aux meuniers des environs. Une ordonnance prévôtale fit défense à ces derniers d'entrer dans la ville pour y faire la quête des grains à moudre, sous peine de la confiscation de leurs ânes ou de leurs chevaux.

L'opiniâtreté du prévôt à maintenir le système fiscal dans toute la rigueur de son arbitraire, mit le comble à la fureur générale. Le volcan qui grondait sourdement éclata tout d'un coup. Commune ! dit une voix ; et mille bouches répétèrent : Commune ! Commune !! L'air retentit du cri de rédemption et de liberté. Les échos de la rue le portèrent avec l'épouvante, jusque dans les demeures des *tyrans*. On ferme les portes de la ville. Le tocsin sonne à Saint-Martin... Réunis devant l'église, sous les yeux du chapitre, les révoltés proclament avec enthousiasme leur affranchissement, et l'avénement du règne de leur seul maître qui est le Christ (*). Ils jurent, sur les reliques de sainte Walburge (**), de s'aimer et de se défendre les uns les autres; ils chargent dix jurés ou eschevins de veiller à la sûreté et à l'intérêt général ; Garnier Berner est proclamé bourg-mestre. C'était peu de proclamer la liberté, il fallait la fonder : dans ce but, les nouveaux communiers investirent cinq de leurs eschevins du droit de justice, et arrêtèrent que nul ne pourrait être mis en prison que par leurs ordres. On abolit les dîmes et toutes les autres bases de la fiscalité féodale. Enfin, on décréta un impôt extraordinaire pour subvenir aux besoins et à l'administration de la commune dont le chapitre de Saint-Martin et son prévôt furent déclarés liges.

(*) S. Math. Chap. XXIII. ⱱ. 1.

(**) Sainte Walburge, plus connue sous le nom sainte Vaubourg, fut toujours à Chablis en grande vénération. Dès le XIIe siècle, les habitants lui avaient élevé au milieu du vinier une élégante chapelle entourée d'un jardin délicieux où jaillissait d'un rocher une source d'eau vive. C'est une croyance répandue dans les environs que l'eau de la fontaine Sainte-Vaubourg possède un grand nombre de propriétés médicinales.

Selon moi, la déclaration de vassalité de Saint-Martin envers la commune fut à la fois arbitraire et impolitique. Ce sont les mesures de rigueur, autant que la faiblesse, qui perdent et font haïr les révolutions partielles comme les révolutions nationales. On m'objectera peut-être que les eschevins ne pouvaient alors prendre trop de précautions contre le chapitre, possesseur de la plus grande partie du territoire et des moulins, et qui, s'il avait été indépendant, aurait pu réduire les communiers par la famine. Mais, il n'en demeurera pas moins établi, qu'en agissant ainsi, la commune renia sa propre origine et se constitua en puissance féodale, envers la féodalité déchue. Et cet abus de la force momentanée nuisit à la nouvelle organisation de la cité. Exaspérés de se voir sous la dépendance de ceux que naguère ils faisaient trembler d'un regard, le prévôt et le chapitre de Saint-Martin poussèrent des cris de désespoir. Philippe-Auguste, en qualité de tuteur du comte de Champagne et de successeur des donataires du fief de Chablis à Saint-Martin de Tours, jeta son épée au milieu du conteste. Cinquante hommes d'armes champenois, commandés par le sire de Noyers, entrèrent dans Chablis, de par Monsieur le roi, la lance au poing, la hache pendue à l'arçon de la selle. Et, quelques heures après, la révolution communale de Chablis n'était plus qu'un fait historique; Garnier Berner, le bourgmestre, gémissait dans les fers sur sa liberté et celle de ses concitoyens.

Tout en anéantissant les institutions municipales dont s'étaient entourés les habitants de Chablis comme d'une muraille pour protéger leur condition d'être, Philippe-Auguste respecta cependant le titre de commune que les eschevins avaient donné à la ville, et laissa subsister, de nom, un grand nombre de franchises. Cette demi-mesure de répression qui n'osait afficher son véritable caractère n'était, de la part du roi, qu'un calcul pour se populariser et préparer l'agrandissement du domaine de la couronne, en cherchant à établir en principe que toute *commune* relevait immédiatement du trône. Dans cet acte déloyal d'une politique cauteleuse, les citoyens virent une reconnaissance tacite de leur affranchissement; et, persuadés de l'appui du roi qui, en les châtiant, semblait obéir à un pénible devoir, ils ne cessèrent de s'élever, par l'organe des trois eschevins qu'on voulut bien leur laisser, contre des coutumes féodales dont ils étaient libres de nom mais auxquelles le droit du mieux armé les forçait de se soumettre. Las de protester dans le désert, les citoyens reprirent l'offensive. Redoutant la suite de cette hostilité jurée, la collégiale accorda aux bourgeois la remise de quelques sujétions. Mais, ces lambeaux de liberté qu'on lui vendait, en rognant sur la mesure, la commune croyait les posséder de plein droit, par le fait même de son existence. De plus, elle regardait, comme attentatoire à ses priviléges, les moindres exigences du chapitre. Celui-ci, au contraire, qui reniait l'organisation communale autant que son principe, considérait la moindre résistance des ci-devant hommes de Saint-Martin, comme un acte de félonie sacrilége. De là des débats opiniâtres, la confusion des pouvoirs, l'anarchie sur de petites bases. La nécessité d'un arbitrage entre des intérêts si divers en opposition et toujours prêts à s'entrechoquer se faisait généralement sentir parmi le peuple. Mais le chapitre et l'advoué y consentiraient-ils? Philippe-Auguste n'hésiterait-il pas à se prononcer nettement? Ne punirait-on pas ces plaintes nouvelles? Au milieu des conjonctures les plus incohérentes, Garnier Berner se chargea d'attacher le grelot.

Du fond de sa prison, le courageux bourg-mestre rédigea, dans les formes, une longue réclamation au roi de France, où, au nom de tous les habitants de Chablis, il protestait officiellement : 1.° contre sa détention personnelle ; 2° contre le droit de tourteaux ; 3° contre l'établissement d'un vinier sur le territoire de la Clamentèle et la possession par le prévôt de la carrière et du pâtis; 4° contre les droits de mainmorte, de dîme, de taille, etc.; 5° contre la justice prévôtale; et enfin 6° contre l'obstination de Saint-Martin à ne pas reconnaître l'organisation communale, le droit des bourgeois de s'unir les uns les autres par la foi du serment, de s'assembler pour gérer la chose publique — *rem publicam* — et de faire coffre commun. — Saisi de ce réquisitoire qui accusait avec tant de franchise l'administration cléricale de Chablis, Philippe-Auguste le soumit à Blanche de Navarre. La comtesse de Troyes engagea la collégiale et son prévôt à en référer à un arbitrage; et, au mois de mai 1219, le roi installa, avec mission de prononcer définitivement entre les bourgeois de Chablis et le chapitre de Saint-Martin, un conseil suprême de justice composé de deux baillis de la couronne, Etienne de Haut-Villiers et Thomas Scutifer, et du bailli de Champagne, Rodolphe de Pontès.

Le triumvirat judiciaire instruisit d'abord la procédure avec une impartialité qui inspira de sérieuses inquiétudes au chapitre de Saint-Martin; il entendit ensuite l'avis des prud'hommes et n'admit qu'en dernier lieu les procureurs des deux parties à discuter leurs raisons contradictoires. La plaidoirie de son avocat gagna la cause de la collégiale. Cet habile praticien se retrancha dans la dénégation absolue de l'existence légale de la commune à Chablis ; et cette argumentation dans un cercle vicieux produisit un effet décisif sur l'esprit des trois arbitres. Il parvint à leur persuader, en s'appuyant sur un article du code féodal qui déclarait que, dans un fief, la servitude ne pouvait être abolie que du consentement des seigneurs intéressés, que le principe sur lequel se fondait la réclamation des habitants de Chablis était erroné. Le droit de l'existence de la commune ne pouvant plus être invoqué, la plaidoirie de l'avocat des bourgeois n'eut pas plus de force démonstrative qu'un syllogisme privé de sa majeure. La requête, en effet, ne pouvait faire naître le bien fondé des plaintes de ses clients que de la reconnaissance tacite de la commune par le roi Philippe Auguste. Du moment que cette reconnaissance ne put être prouvée, puisque l'acte d'émancipation des habitants n'avait pas reçu l'approbation royale, le procureur de la collégiale eut beau jeu des arguments de son adversaire. Dès lors on put prévoir l'issue du jugement. C'en fut fait de la liberté à Chablis. Les habitants durent retomber dans l'état de servitude d'où ils étaient sortis victorieux par la résistance.

Voici les principales dispositions de la sentence arbitrale, prononcée par les trois baillis, et que l'on n'a pas rougi de désigner sous le nom de *compositio — accord amiable* :

« L'association illégale, illicite, dangereuse, contraire aux précédents établis, formée par les habitants de Chablis, est cassée tant dans ladite ville que dans le faubourg. Il est interdit aux bourgeois de se fédérer, de se réunir en assemblée générale, de faire coffre commun. Seront regardés comme traîtres et amendables envers le seigneur, tous ceux qui tenteront par la suite de rétablir la commune mise à néant. Cependant les trois échevins conserveront leurs titres, mais à la condition que le prévôt nommera leurs successeurs parmi les bourgeois.

La ligue jurée des femmes contre le droit de tourteaux ne durera pas davantage : le tribunal ne l'a pas reconnue.

La défense intimée aux meuniers étrangers de ne faire aucune quête de grains dans l'intérieur de la ville est maintenue ; mais les habitants pourront faire moudre leurs grains où bon leur semblera.

Le prévôt de Saint-Martin n'a aucune explication à donner sur l'arrestation de Garnier Berner (*) ; du reste, rien ne l'oblige à une telle condescendance.

(*) Garnier Berner ne fut mis en liberté qu'en l'année 1226. Il mourut quelques mois après Guillaume Odart. Ce prévôt qui joua un si triste rôle dans la révolution communale de Chablis, fit, en 1227, un pèlerinage au saint Sépulcre. Avant d'entreprendre ce long voyage, il soumit à l'approbation de Hugues, évêque de Langres, la

Comme le prévôt établissait autrefois un forestier dans les bois de Beaumont et de la Clamentèle, rien ne peut l'empêcher d'y établir un vinier, maintenant que des vignes ont été plantées sur le territoire desdits climats. Dans la partie du bois de la Clamentèle qui n'est pas arrachée et dont le prévôt a le droit de

convention suivante qui déterminait les pouvoirs respectifs du chapitre de Saint-Martin et de son grand prévôt :

Oblacionum Ecclesiarum medietas est capituli S. Martini et medietas est præpositi Chableiarum. Molendinorum medietas est capituli, medietas præpositi. Omnium decimarum medietas est capituli, medietas præpositi. In manu mortuâ medietas est capituli, medietas præpositi... Magnum pratum cum terrâ contingua est præpositi et nihil ibi habet capitulum. Omnium aliorum pratorum medietas est capituli, medietas præpositi ; præter pratum quod emit à domnâ Mariâ de Autissiodoro, cujus prati tres partes sunt capituli cum saliceto, quarta pars est præpositi... In banno aquæ, medietas est capituli, medietas præpositi et possunt ibi piscari et capitulum et præpositus; et de anguillis molendinorum medietas est capituli et medietas præpositi. Insula,.. quæ est in medio aquæ Berraram est capituli et medietas præpositi. Furnorum falsi burgi et de magnâ ruâ medietas est capituli, medietas præpositi.... Bocheria est capituli.... Medietas domorum, fossatorum castri est capituli.... Vinea de Schez et vinea Barbate est præpositi ; omnes aliæ vineæ sunt capituli. De sanguine hominum B. Martini, medietas quindecim solidorum est capituli et medietas est præpositi. De letho hominum B. Martini, medietas centum solidorum est capituli medietas præpositi.... Medietas straminis decimarum est capituli et medietas præpositi... Torcular quod isdem fecit ante Ecclesiam B. M. C, cum domo contingua est capituli. Anla cum domo novâ quam Wlemus fecit est præpositi... Tres solidi, quos pastores solvunt annuatim in festo S. Remigii, sunt præpositi, sine capitulo.... Duæ partes doliorum et capparum sunt capituli, et tertia pars præpositi.... In tribus sextariis olei qui debentur Episcopo Lingonensi ponit capitulum mediatem et præpositus meidetatem, etc.

— Note communiquée. —

faire une garenne, les habitants, sous peine d'amende, ne pourront mener paître leurs bestiaux qu'après la quatrième feuille.

Lorsqu'un prévôt entre en fonctions, il prête serment de fidélité au seul Saint-Martin, mais à l'égard des bourgeois il est libre de tout hommage.

La carrière appartient au prévôt, à l'exclusion des moines de Pontigny.

Les pâtures, que l'on appelle vulgairement le grand et le petit pâtis, étant une terre vague dont personne ne paye la coutume et la servitude, devraient faire partie du domaine du prévôt et du chapitre; mais sur les instances de Guillaume Odart, les arbitres en donnent aux bourgeois, à perpétuité, la mi-propriété exempte de coutume et de redevance. Le prévôt fera approuver cette donation par le chapitre de Saint-Martin de Tours, et ensuite il en délivrera les lettres.

Saint-Martin conservera le droit de main-morte sur les habitants, puisqu'il en était déjà investi du temps du prévôt Guillaume et de ses prédécesseurs Jollan et Thibault.

Les bourgeois demeureront exempts du droit de vente, car ils ne l'ont jamais payé.

Le chapitre et le prévôt ont le retrait censuel; si quelqu'un vend un héritage tenu en censive de

Saint-Martin, et si un parent du vendeur ne le réclame point, le chapitre et le prévôt ont le droit de retraite, en remboursant le prix.

La dîme des grains et du vin revient à Saint-Martin. Les sergents du prévôt qui évaluent les récoltes sur pied, s'assurent dans les granges et les celliers de l'exacte répartition de la dîme.

Le prévôt conserve toutes ses prérogatives de haut justicier. Il exerce son droit, dans toute l'étendue de la ville, sur tous ceux qui relèvent de Saint-Martin, pour leur rang, leur vie, leur corps, leurs meubles et leurs tenûres. »

Frappée au cœur et foulée aux pieds de ses ennemis, la liberté chablisienne fit de vains efforts pour se relever. Le bâillon du despotisme arrêta dans sa poitrine cette voix puissante dont les nobles accents semaient naguère l'épouvante parmi ses bourreaux. Pantelante et mutilée, informe je ne sais quoi qui même après sa mort conservait quelque souffle de vie, quelques restes de vigueur, elle fut réduite à lécher la main qui la terrassait, à la supplier d'alléger pour un égal poids d'or celui de sa triple chaîne.

Les arbitres avaient déclaré que la sentence de 1219 ne serait légalement exécutoire qu'après l'approbation officielle du comte de Champagne. Au mois de février 1222, ce seigneur devait atteindre l'époque de sa majorité. Les habitants de Chablis, espérant beaucoup du sens droit et de l'âme généreuse du jeune Thibault IV, lui firent présent d'une somme de cinq cents livres, pour l'engager, soit à abroger complètement l'arbitrage, soit à le modifier en partie. Le comte de Champagne, gagné par le clergé, accepta l'argent; mais il n'en ratifia pas moins la sentence, le 23 octobre 1223. Les bourgeois profitèrent de la leçon: toutes les fois que dans la suite ils traitèrent avec la féodalité de l'exemption de quelque servitude, jamais ils ne financèrent qu'en échange de bons parchemins. La plus forte somme qu'ils versèrent jamais entre les mains des escompteurs de la liberté fut sans contredit celle qu'ils payèrent au chapitre, pour le rachat de la main-morte. L'acte de cet affranchissement fut passé, le 11 mars 1257, la veille de la Saint-Grégoire, en présence de Guy, évêque de Langres, entre le chapitre, le grand prévôt Sinibald, et les habitants de Chablis représentés par trente-neuf bourgeois, savoir: Jacob dit Codocarte, Colin dit Pâris, Aliet dit Elies, Ponce Clerc et Mathieu son fils, Rodolphe dit l'Ane, Pierre dit de Chéu, Hugues Gonthier, Adam Dotiar, Guy Bouchard, Etienne dit Plungar, Jean de Barro, Etienne Libéria, Robin Sauge, Robert de Caissi, Jacob dit Johan, Filicet Dotiar, Etienne Vanvoisez, Hugues Maces, Barthélemy

Milon, Simon Jarrun, Germain Cremaille, Rodolphe Peteten, Jacob de Barro, Guy Malnourry, Giles Guspoil, Monin dit Chénon, Arnolphe Cuscedal, Girard Gaudier, Guillaume de Bierne, Guyot Jarrun, Seguin-Sarrier, Guillaume Coar, Guillaume Subrikgen, Pierre Subrikgen, Johannet de Chichiau, Giles Librun, Anseric Domino et Michel Charretun. Le prix de l'affranchissement avait été fixé à 3200 livres, monnaie de Provins. Chacun des députés de la commune prêta sur l'Évangile, au nom de la généralité des habitants, le serment de payer la somme entière à une époque convenue, et, en outre, au moyen d'un impôt annuel de cent livres, d'indemniser pendant six ans la collégiale du sacrifice qu'elle faisait de tous les revenus qui découlaient du droit supprimé de mainmorte.

Le *vidimus* de la charte qui délivrait les habitants de Chablis de la main-morte ne fut octroyé qu'en 1290. Ce titre confirmatif, déposé aux archives nationales, a été traduit ainsi qu'il suit, en 1764, par M. Michel Chapotin de Saint-Laurent, de la bibliothèque du roi :

« PHILIPPE, par la grâce de Dieu, roi de France, à tous tant présents qu'à venir, assurons *avoir vu* certaines lettres ayant pour teneur cy :

A tous ceux qui ces présentes lettres liront, Guy,

doyen, Philippe, trésorier, tout le chapitre de l'église Saint-Martin de Tours et le grand prévôt de Chablies, Salut dans le Seigneur. Vous connoistrez tous qu'ayant pesé l'utilité de nostre Église, et ayant tenu sur ce sujet avec soin et du consentement de tous une assemblée à laquelle ont été convoqués tous ceux qui devoient et qui ont dû y estre appelés, nous avons remis et quitté la main-morte de nostre ville de Chablies aux bourgeois et à nos hommes y habitans ensemble.... (*illisible*)..... et autres que cette remise peut regarder pour l'avenir et regarde dès le présent. Et nous voulons qu'elle tombe et cesse entièrement, et qu'ils soient libres, et demeurent exempts de cette main-morte à perpétuité. Sauf toujours envers nos personnes et nostre église et les prévôts de Chablies, le domaine, la justice, les redevances, les coutumes et autres droits que nous recevons et avons sur lesdits bourgeois et habitans et dans ladite ville et toutes ses appartenances. Reconnaissons aussi et confessons avoir reçu et eu des bourgeois et hommes susdits, pour récompense et dédommagement, une somme d'argent de... (*large déchirure*)... tournois à convertir... (*rature*) ...à l'utilité de nostre église et prévôté de Chablies, de laquelle nous avons été payés, renonçans à tout bénéfice de droit, à tout privilége émané du siége apostolique, désirons pouvoir servir auxdits bourgeois, hommes et habitans et appuyer leurs héritiers et successeurs en cette partie. Promettons observer les choses susdites et chacune d'elles comme elles sont exprimées dans les écrits et ne point venir à l'encontre d'elles. Voulons aussi et accordons que tous... (*rature*) ...à la réquisition des devant dits bourgeois, hommes, habitans, héritiers et successeurs d'iceux... (*le reste est illisible*). . . . .

. . . .

Signé : PHILIPPE, roi.

Fait à Paris, l'an du Seigneur mil deux cent-nonante, à la requête de... (*longue couche de cire*).... chancelier. »

Profitant de la pénurie où le chapitre se trouvait souvent réduit par suite des prodigalités souvent irréfléchies ou de la mauvaise administration de certains prévôts, les manans de Chablis continuèrent par la suite de s'affranchir d'un grand nombre d'autres servitudes. Cependant, ils ne se dégagèrent entièrement des étreintes de la féodalité que lorsque leur ville fit partie intégrante de la monarchie une et indivisible, immense machine gouvernementale construite pièce à pièce avec les débris de la féodalité, et dont tous les ressorts empruntaient et rapportaient alternativement la force et l'action à un seul grand moteur, — le Roi. Le lecteur voit donc que nos ancêtres, d'abord esclaves de la collégiale, puis sujets des rois absolus, ne connurent la vraie liberté que lorsque la machine monarchique, affaiblie par une trop forte tension de ses ressorts, tomba d'elle-même, avec le vieux monde, au jour marqué par Dieu sur le livre des temps.

Au XIIIe siècle, l'ardent désir des institutions communales ne remplissait pas seul le cœur du peuple de Chablis. La charité y tenait aussi une grande place. En luttant avec l'oppression, les habitants combattirent encore contre la misère et les maux de l'humanité. Par leurs soins désintéressés, un hospice, destiné à secourir les malades et les vieillards infirmes, fut fondé, au milieu du faubourg Saint-Pierre, dans la partie la plus saine de la ville. De pieux et compatissants citoyens se firent un devoir de le doter pendant leur vie et à leur lit de mort. Les administrateurs nommés par les eschevins, grâce à une sage entente de ses intérêts, ne tardèrent pas à faire prospérer le nouvel établissement. Comme à la Maladrerie, de saintes filles s'y cloîtrèrent pour gagner le ciel en soulageant les plaies de ce bas monde. Pendant six cents années, elles y ont prodigué des adoucissements à l'infortune, usant leurs chastes corps au service de la misère. Qu'il me soit permis d'offrir l'humble hommage de mon admiration à leur glorieux dévouement, qui, en retour de la santé, de la vie qu'il fit recouvrer à tant de malheureux, ne leur demanda jamais qu'une bénédiction.

Avec des revenus modestes, l'hospice de Chablis rend encore aujourd'hui d'immenses services aux habitants. Les hospitalières de la congrégation de Tours qui le desservent consacrent à l'éducation des jeunes filles tout le temps qu'elles ne passent pas à veiller au chevet des malades, ou à prier pour ceux qui n'osent point. Elles cumulent ainsi les soins de la vie du corps et de l'intelligence. Pour une faible rétribution, les enfants du peuple viennent puiser dans leur école les trésors d'instruction et d'éducation nécessaires à la vie de famille. Les portes de la classe ne se ferment pas à l'indigence. La fille du manouvrier y reçoit autant de soins que celle du riche vigneron. Il semble même que, malgré la stricte égalité qu'elles se font un devoir de maintenir entre leurs élèves, les religieuses témoignent aux indigentes plus d'égards et plus de respects, comme pour leur faire oublier qu'elles sont nées pour le travail et la misère. Les pieuses institutrices entourent aussi les filles pauvres d'une surveillance plus active : elles regardent comme une mission sacrée de préserver de la moindre tache ces jeunes cœurs riches de leur pureté et qu'attendent, avec le malheur, tant d'occasions de souillure et de perdition. Je ne saurais donner trop de louanges à cet asile où les enfants de la classe laborieuse passent heureusement leur première jeunesse. Elles n'y apprennent, j'en conviens, ni les secrets de la toilette, ni les *arts d'agrément*; elles savent se contenter des leçons de saine morale et de sciences usuelles, d'une parfaite connaissance des travaux domestiques; et la plupart n'en deviennent pas moins de précieuses épouses et de bonnes mères.

Du temps de sa prospérité, l'hospice de Chablis recevait encore des malades dans le vaste corps de maisons qui sert à présent de mairie, de tribunal de paix et de caserne de gendarmerie. C'est là que, en 1717, l'école des filles avait été fondée par Mme Marie Soufflot. On y avait annexé la chapelle dont chacun peut voir encore la façade sud du jardin de la justice de paix. Cet édifice, jadis consacré au culte, a été converti en grange particulière. — Des deux bâtiments qui composent actuellement l'hospice proprement dit, l'un est parallèle, l'autre est perpendiculaire à la rue Saint-Pierre. Les malades et les sœurs occupent le premier. Dans le second se trouvent la classe et la chapelle. Chœur d'une ancienne église, bâtie dans le style du XIIe siècle, cet oratoire est orné avec une recherche qui tient de la grâce mondaine. Les religieuses, qui ont fait vœu de pauvreté et de simplicité dans leur mise et leur entourage, reportent sur la maison de Dieu ce besoin de parure inné dans le cœur des femmes. Une salle de spectacle sépare la classe et le lieu saint. Contraste étrange ! Les joies du monde entre l'innocence et la sanctification, le temple de la joie et du plaisir adossé à l'asile de la souffrance et de la vieillesse. On éprouve un serrement de cœur inexprimable quand on réfléchit que, souvent, peut-être, à cause de ce rapprochement, les joyeux couplets d'un vaudeville se sont mêlés au glas de la cloche funèbre, l'apologie de l'amour sensuel et des vices aimables aux lugubres psalmodies de la prière des agonisants. Je dois dire toutefois que la toile du théâtre ne se lève pas toujours pour faire assister le public au panégyrique du désordre moral, à la réhabilitation des filles-mères et des femmes perdues, au persiflage des institutions respectables. Chaque année, elle laisse entrevoir, autour d'une table chargée de couronnes et de livres, un double rang de pères de familles et d'honorables magistrats. Ils président la distribution des prix de la pension secondaire. Ce jour là est férié pour la ville et sa banlieue. Toutes les familles se pressent dans la salle pour assister au dénouement des luttes intellectuelles que leurs enfants se sont livrées pendant dix mois. Sur les bancs des écoliers ou parmi les spectateurs, je n'ai jamais pu être témoin de cette fête à la fois publique et de famille sans une émotion profonde. Quel est l'indifférent qui s'en défendrait en voyant les larmes qui inondent le visage des mères, l'air radieux des vainqueurs couronnés de lauriers tressés la veille par les mains des vaincus, l'empressement que mettent les lauréats à consoler ceux dont les efforts ont été trahis?

Cette compassion de l'enfance pour les humiliés me fournit l'occasion de la mettre en parallèle avec la colère et le fiel de vengeance que les hommes de la société se plaisent à distiller sur ceux dont ils ont triomphé. Dans cette même enceinte du théâtre transformée en club, chacun n'a-t-il pas entendu après février 1848, les hommes du moment, y écraser du poids de leur suffisance révolutionnaire les vaincus de la veille. Alors ce n'était pas tant la politique qui était à l'ordre du jour que la provocation et la calomnie. Plaise à Dieu qu'elles ne se rouvrent plus jamais ces assemblées où s'agitaient en tumulte toutes les passions filles de la haine et de l'ambition, où j'entendis si souvent attaquer tout ce qu'il y a de sacré dans une société policée, développer les théories les plus révoltantes, où une fois je vis briller l'acier ! (*)
Depuis que l'on a introduit le masque démagogique

(*) Séance du 18 avril 1848.

dans la salle de spectacle, celui de la comédie n'ose plus s'y montrer. En dépit de la devise paradoxale de Phèdre, les mœurs n'y perdent rien. Le théâtre ne sert plus maintenant qu'aux assemblées électorales. C'est là que le riche et le pauvre, le propriétaire-rentier et le cantonnier qui casse des pierres sur la route, viennent, mêlés et confondus, peser les destinées de la France et donner sa plus réelle application au dogme de la souveraineté populaire. O Jean-Jacques, lorsque ce redoutable principe, sorti de ta bouche révolutionnaire, effrayait l'Europe monarchique, te serais-tu douté jamais que sa conséquence directe, le suffrage universel, replacerait enfin sur sa base la pyramide sociale retournée sur le sommet par la philosophie en bonnet rouge !

CHAPITRE IV.

Chablis ville royale. — La guerre de cent ans. — Centralisation monarchique.

> Vires acquirit eundo.
> LOIS DE LA PESANTEUR.
>
> Tùm gaudium, tùm dolor.... pridié gloriâ, nunc otiosa quies.
> SERMON DU XVe SIÈCLE.

Derniers comtes de Champagne. — Les Capétiens advoués directs de Saint-Martin. — Prévôté de Pandolphe de Sabelli. — Charles II de Navarre et les habitants de Chablis. — Prospérité de la ville. — Les écoles de Saint-Edmond. — Terrier de 1328 — Première période de la guerre de cent ans. — Le grand Miles. — Le traité d'Avignon. — Seconde période de la guerre de cent ans. — Bataille de Brion-sur-Ource. — Rachat de Miles VIII. — Extinction de la maison de Noyers. — Adjudication de 1367. — Le droit de jauge. — Fortification de Chablis. — Guerres civiles. — Les Armagnacs et les Bourguignons. — Chablis aux Bourguignons. — Passage de Jean-sans-Peur et d'Isabeau de Bavière. — Chablis aux Anglais. — Prévôté de Jean Vivien. — Troisième période de la guerre de cent ans. — Garnison royaliste de Chablis. — Ses exploits. — Lutte de la féodalité et de Louis XI. — Commencement de la monarchie absolue. — Imprimerie de Pierre Lerouge. — Chablis à la fin du XVe siècle. — Terrier de 1537. — Projet de canalisation du Serain. — Rédaction de la coutume de Sens. — Les habitants de Chablis sont soumis au droit de vente. — Au lecteur.

Le 7 avril 1284, l'advoué direct de Chablis, Thibault IV le trouvère, hérita du trône de Navarre par la mort du roi Sanche-le-fort, son oncle, frère de la comtesse Blanche. Dix ans après, le 10 juillet 1254, Thibault IV expirait lui-même, laissant, de Marguerite Archambault de Bourbon, un fils, Thibault V le jeune, qui lui succéda comme roi de Navarre, comte de Champagne et advoué de Saint-Martin. Ce prince, qui mourut en ramenant d'Afrique en France les os du roi saint Louis, ne laissa d'autre héritier que son frère, Henri III le Gros. En 1274, Jeanne, unique enfant de Henri III, épousa Philippe IV le Bel; et, par suite de ce mariage, l'advouerie de Chablis passa aux rois de France avec la Navarre, la Champagne et la Brie. Toutefois, la princesse Jeanne conserva le gouvernement des états paternels, et, tant qu'elle vécût, elle les administra comme ses propres biens. C'est ainsi que protectrice née des Champenois pour lesquels ses sympathies ne se démentirent jamais, elle appela successivement à la prévôté de Chablis Anchérus et Pandolphe de Sabelli, tous deux petits-neveux de Jacques Pantaléon Courtpalais, fils d'un modeste savetier de Troyes, souverain pontife sous le nom d'Urbain IV. De ces prévôts de race papale, le premier déjà célèbre dans l'église, à cause de ses dissidents avec Thibault V, au sujet des prébendes des chanoines de Saint-Urbain de Troyes, devint depuis évêque et cardinal-prêtre de Saint-Praxède ; le second, titulaire de la basilique romaine des douze apôtres, fut aussi élevé aux mêmes dignités. La haute intelligence de Pandolphe de Sabelli, ses profondes connaissances politiques le firent bientôt distinguer de Boniface VIII, ce superbe émule d'Hildebrand, qui, du haut du trône de saint Pierre, prétendait disposer des royaumes du monde et lire dans la conscience des rois. Le pape choisit le prévôt de Chablis pour son chapelain et son ministre. L'un des auteurs de la fameuse bulle *ausculta fili*, Pandolphe tint longtemps dans ses mains tous les fils de la trame politique ourdie entre le chef de l'Église et Philippe-le-Bel. Pour rehausser la cour de Rome aux yeux des nations, il conseilla de rétablir le jubilé centenaire. Lorsque Guillaume de Nogaret, agent du roi de France, arrêta Boniface à Agnani, ce fut le prévôt de Chablis qui, par son éloquence, excita le peuple à délivrer le souverain Pontife.

Jeanne de Champagne s'endormit avec ses pères en 1303. Elle laissait de Philippe-le-Bel quatre enfants: Louis-le-Hutin, Philippe-le-Long, Charles-le-Beau et Isabelle, mariée à Edouard II, roi d'Angleterre. En attendant son avénement au trône de France, Louis-le-Hutin, l'aîné, prit les titres de roi de Navarre, de comte de Champagne, et réclama toutes les prérogatives de ses aïeux maternels. L'advouerie de Chablis lui fut dévolue. Après la mort de Louis-le-

Hutin, cette dignité passa à Philippe-le-Long, au préjudice de la fille du dernier roi, Jeanne de France, qu'une interprétation forcée de la loi salique pouvait, j'en conviens, écarter du trône des Capets, mais qui conservait toujours, malgré cette exclusion, tous ses droits sur la Navarre, la Champagne, la Brie et l'investiture des priviléges attachés à la possession de ces états. Dans l'impossibilité de lutter contre le vœu du peuple qui appelait Jeanne à la royauté de Navarre, Philippe-le-Long la reconnut souveraine de ce pays, mais il continua de s'approprier les provinces que sa nièce possédait en France. Cette usurpation dont Charles IV et plus tard Philippe VI de Valois ne purent se justifier, plongea la France dans un abîme de maux. Peu s'en fallut qu'elle ne précipitât du trône la race des Valois, lorsque Charles II dit le Mauvais, roi de Navarre, fils de Jeanne de France et du comte d'Evreux, fut en âge d'opposer la force de son droit à un acte d'arbitraire et de cupidité que le temps n'avait pas légitimé.

Tant que dura la guerre de la dévolution des états des comtes Champagne, je ne sais si les habitants de Chablis témoignèrent plus de sympathies aux rois de France qu'au monarque navarrais. Peu leur importait de dépendre d'un suzerain, plutôt que d'un autre. Cependant, par un examen attentif de l'esprit du temps et en raisonnant les causes de certains faits de cette histoire, j'ai cru m'apercevoir que comme à *moult de gens*, il semblait à nos pères que *tout dans le royeaulme alloit hors de la raye droicte*, et qu'ainsi ils blâmaient non seulement l'usurpation de la Champagne par les rois de France, mais encore l'avénement au trône de Philippe de Valois qui, selon eux, avait moins de droits à la couronne nationale que Edouard III d'Angleterre, fils d'Isabelle, sœur des trois derniers rois de France.

Or, en ce temps-là, la ville de Chablis acquérait une importance nouvelle. On enfermait Saint-Martin dans une ceinture de maisons ; les pignons s'alignaient sur les quais ; le viguier enchaînait par de hardis ponts de pierre, les deux rives du Serain (*). Une longue file d'habitations s'étendait des fossés de la ville basse à l'église Saint-Pierre, gigantesque enfant de l'art sorti depuis un siècle des langes de ses échafauds. Non loin du prieuré de Saint-Cosme, en face de l'hospice, les moines de Pontigny avaient fait élever une splendide demeure où ils venaient passer le temps des vendanges et souvent une partie de l'hiver.

(*) Le grand pont fut construit par les ordres et avec les deniers de Miles V de Noyers, sur les plans du pont d'Auxerre, en 1331 ; le pont de *Bon-Ribault* ou le petit pont avait été jeté sur le biez des moulins du chapitre quelques années auparavant.

CHAPITRE IV.   185

Sur l'emplacement de l'ancien couvent de Saint-Edmond, l'abbé Wikard, dès le XIIe siècle, avait établi un séminaire où des frères convers de Citeaux discutaient les questions théologiques et ouvraient des cours publics de langues anciennes et d'astronomie. Ces cours, justement réputés dans l'Auxerrois et la Champagne, attiraient à Chablis une brillante jeunesse, avide de s'instruire, et se destinant soit à la robe, soit à l'étole. Et cette foule joyeuse et savante qui puisait maintes folles inspirations chez les taverniers du quartier *Ribault* — la rue des Ponts — donnait souvent à la cité, aux dépens du repos physique et moral des bourgeois, tous les airs d'une bacchante en délire. L'affluence des jeunes gens devint bientôt si grande, que les moines de Pontigny demandèrent des professeurs au chapitre de Saint-Martin de Tours. De là cette tradition que les écoles de Saint-Edmond avaient pour fondateur le grand Alcuin; car, c'était ce grammairien-ministre de Charlemagne qui avait institué à Tours cette espèce de collége normal où l'on formait les professeurs qui se rendaient ensuite à Chablis. On me permettra, sans doute, en passant, de citer la traduction fidèle d'un rapport en langue latine, adressé par Alcuin à l'empereur, sur la situation des écoles de Tours : « Là — dit-il — je fais couler aux uns le miel des saintes écritures, j'enivre les autres du vin vieux des histoires anciennes, je nourris ceux-ci des fruits de la grammaire que je cueille, et j'éclaire ceux-là en leur découvrant les étoiles, comme des lumières attachées à la voûte d'un grand palais ; en un mot, je fais plusieurs personnages différents, pour me rendre utile à plusieurs (*). »

Tandis que Chablis se plaçait presque au premier rang parmi les villes du diocèse de Langres, son territoire prenait un accroissement remarquable. Chaque jour, les vignerons défrichaient de nouveaux terrains. Sur le penchant de nos collines pierreuses, qui, naguère, ne produisaient que des ronces à baies noires, ils cultivaient avec ardeur la vigne indigène à notre sol, source de richesse, élément de renommée, que, à toutes les époques, on a essayé en vain de nous enlever, en naturalisant ses plans dans d'autres pays. Les vins de Chablis étaient alors presque aussi célèbres que de nos jours. Les moines de Pontigny, parfaits connaisseurs dans l'espèce et propriétaires récoltants, en envoyaient de nombreuses barriques à l'abbaye de Citeaux et à plusieurs de ses filles. En 1198, une charte de l'abbé Guido nous apprend qu'ils possédaient à Chablis, 36 arpents de vigne et un pressoir, construit sur l'emplacement de la demeure du tourneur Regnalden, dans ce groupe de

(*) P.-J.-S. Dufey (de l'Yonne). Histoire des communes, chap. I.

maisons que l'on appelle encore le *Petit-Pontigny*. Par un terrier dressé en l'année 1328, on voit que les vignes dont les habitants jouissaient en toute propriété, couvraient une surface de 1500 arpents (*). La perception de la dîme des récoltes de vins étant devenue très-difficile, et, d'ailleurs, dans l'impossibilité matérielle d'en écouler par elle-même l'énorme produit, la collégiale avait abandonné ce droit fiscal perçu sur la nature pour un impôt foncier de 5 sols, qui frappait chaque arpent de vigne possédé par les bourgeois. Les moines de Pontigny avaient, lors de cette innovation, refusé d'en subir les conséquences ; ils continuèrent donc, malgré le principe reconnu qui ne permettait pas à l'Église de dîmer sur l'Église, de faire conduire, chaque année, à titre de dîme, 36 muids de vin en tonneaux, dans les caves du chapitre. Sachant que Pontigny rendait pour son *dixième*, 2 feuillettes de vin pur et recevable — *puri et receptibilis* — par chaque arpent ou demi-hectare dont il jouissait, le lecteur, sans être hérissé d'arithmétique, peut facilement calculer que, en 1328, la force productive de la vigne était la même que de nos jours où l'on récolte ordinairement 20 feuillettes ou 27 hectolitres, dans une pièce de 50 ares. La pro-

---

(*) L'arpent de Chablis se composait de 100 cordes, mesures agraires de 24 pieds carrés.

portion du prix des vins n'a pas varié non plus depuis ce temps, puisque, un muid qui, au XIV° siècle, s'estimait 5 livres, se vend, en moyenne, 60 francs, au XIX°, où l'argent a une valeur intrinsèque 12 fois moindre.

Encore quelques années, et la prospérité passagère de Chablis va finir son cours. Nous touchons à une période de l'histoire nationale où tous les fléaux de l'humanité semblent avoir pactisé entre eux pour désoler notre belle France. Crécy fut le premier de nos malheurs. Ils se poursuivirent pendant tout un siècle. Quand un traité de paix mettait fin aux désastres de la guerre étrangère, la peste enveloppait notre patrie d'un linceul livide. Puis, lorsque l'épidémie avait enlevé le tiers de la population, la guerre civile agitait partout ses torches homicides, l'Anglais profitait du moment pour débarquer ses soldats ; et, au milieu de la terreur, de la misère et de la désorganisation, il fallait encore trouver parmi le peuple de l'argent et des hommes-d'armes. Les chroniqueurs n'ont pas enregistré les désastres qui fondirent dans ces jours de désolation sur la ville de Chablis. Mais, en examinant la position géographique de la commune et en suivant le cours des événements sur tous leurs théâtres, on peut vraisemblablement supposer que nos ancêtres payèrent à cette époque un énorme tribut de larmes et de sang.

Quand les premières hostilités éclatèrent entre Philippe de Valois et son cousin, le prétendant d'outre-Manche, la cause française acquit un preux et vaillant champion dans l'advoué de Chablis, Miles VI de Noyers, dit le Grand Miles.

Ce seigneur resta toujours dévoué aux fils de saint Louis par la branche masculine. Philippe-le-Bel l'avait avantagé de la chatellenie de Vandœuvre, et successivement élevé aux dignités de porte-auriflambe, de garde des foires de Champagne et enfin de maréchal grand bouteiller du roi. Ame damnée du premier des Valois, il dirigeait souvent la politique cauteleuse de ce monarque. Miles VI se couvrit de gloire à Montcassel; et, après une lutte héroïque, il sauva l'auriflambe des mains de l'ennemi, à la funeste journée de Crécy.

Dans l'intervalle de ces deux batailles, la justice seigneuriale de Chablis subit de remarquables modifications, au détriment des antiques priviléges de Saint-Martin. Par un arrêté émanant de son autorité privée, signifié au doyen de la collégiale par le ministère d'un sergent, Miles-le-Grand, viguier et chargé de la garde de ville, s'arrogea la moitié de la justice de Chablis et de ses revenus. Une usurpation aussi audacieuse stupéfia les chanoines : néanmoins, ils se mirent sur la défensive, et le cardinal du Mont, grand prévôt, vint supplier le roi de protéger le chapitre gravement troublé dans la jouissance des prérogatives que lui avaient conférées les chartes impériales et royales. Philippe VI fit la sourde oreille. Ce prince affectionnait trop le sire de Noyers, contre lequel on invoquait des droits méconnus, pour contrarier ses desseins. Il n'adressa pas même à son maréchal une parole de blâme, dans la crainte de briser ainsi un des plus fermes soutiens de son trône chancelant. Seulement, pour conjurer le scandale, Valois, qui savait bien que Miles VI ne se départirait jamais de ses prétentions, lui conseilla de souder avec de l'argent la bouche du cardinal du Mont. On entama donc des négociations, le maréchal corrompit l'Éminence; et le 16 avril 1335, un contrat amiable cédait légalement au sire de Noyers tout ce dont il s'était déjà emparé par un acte d'arbitraire inouï.

Aux termes du traité de 1335, signé à Avignon et approuvé dans l'année par la collégiale de Chablis, le premier dimanche qui suit la Saint-Martin d'hiver, la justice, haute, moyenne et basse — *tota justitia, alta, media et bassa* — et l'exercice de cette justice avec ses honneurs et produits, dans le territoire de la ville et de ses annexes, fut partagé entre le viguier, seigneur de Noyers, et le grand prévôt de Chablis. Il n'y eut plus qu'une cour commune et un sceau commun qui portait, d'un côté, les armes de Saint-Martin, de l'autre, celles du sire de Noyers (*), et sur la circonférence, cette inscription : *Sigillum Curiæ communis.* On préposa à la garde du sceau un magistrat nommé, à cause de son emploi, *gardiator.* Ce fonctionnaire, installé tous les ans, la veille de la Nativité de saint Jean-Baptiste, recevait ses pouvoirs de la collégiale et du viguier; en leur nom, il tenait lit des trois justices, prononçait les peines et percevait les amendes qu'il partageait entre ses commettants. Lorsque le chapitre et le viguier ne s'accordaient pas sur l'élection du gardiator, le prévôt le désignait d'office, sauf au sire de Noyers à faire, l'année suivante, le choix qui lui conviendrait. Le juge, ainsi investi de sa charge, prenait le nom d'*Alternatif.* Il jurait sur l'Évangile de respecter également les droits des hauts justiciers, commissionnait les notaires, le crieur et les sergents tant des deux seigneurs que de la république de Chablis — *Reipublicæ Chableiæ.* On n'appelait de ses jugements que devant le bailli de Sens, assises de Villeneuve-le-Roi — *in assisiis apud villam novam regis.*

Les clauses du traité d'Avignon changèrent com-

(*) Le blason de la maison de Noyers était d'azur à l'aigle d'or volant, celui de Saint-Martin, parti au 1ᵉ de France sans nombre, et au 2ᵉ de gueules à un cavalier passant et partageant sa cape avec un pauvre nud d'or.

plètement la position respective de la collégiale de Chablis et du seigneur de Noyers. Dans le moindre fief, le droit de justice universelle demeurait l'inséparable attribut de la souveraineté. En partageant l'exercice de ce droit avec son sous-advoué, saint Martin abdiqua sa directe absolue et Miles VI se trouva tout d'un coup érigé en seigneur proprement dit dans un bénéfice où, selon le texte des cartulaires, l'omnipotence ecclésiastique ne pouvait pas périr.

L'habile négociateur du traité d'Avignon termina sa noble carrière en 1361. Il n'eut pas la douleur d'apprendre qu'à Poitiers les gentilshommes français se servirent plus de leurs éperons que de leurs bonnes lances et que le prince noir, victorieux à bon marché, fit prisonnier le roi Jehan, auquel succéda son fils Charles V.

C'est grâce aux calomnies odieuses répandues parmi le peuple par ce dernier monarque que le prétendant au comté de Champagne, Charles II de Navarre, fut appelé le Mauvais. Et jamais surnom ne fut moins mérité : car, ce prince que les écrivains à la solde du roi de France ne flétrissent qu'avec un regret mal déguisé était plein de loyauté, de franchise et de bravoure. Indulgent pour ses ennemis, éloquent jusqu'au prodige, plus libéral et plus éclairé que son siècle, tous les peuples qu'il gouverna se plurent toujours à rendre hommage à ses brillantes qualités. De perfides provocations contraignirent le fils de Jeanne et de Philippe d'Évreux à tirer l'épée contre sa patrie et son suzerain, mais personne ne peut contester qu'il ne combattît pour la bonne cause en défendant ses états contre des compagnies stipendiées sous main par Charles V, et en voulant rentrer dans la possession de l'héritage de ses ancêtres, les comtes de Champagne.

Tant que se prolongèrent les hostilités entre le roi de France et celui de Navarre, les habitants de Chablis firent des vœux secrets pour le légitime descendant de leurs anciens advoués. Aussi ce dernier ordonna-t-il à ses soldats d'épargner le plus possible le territoire de Saint-Martin. Chablis cependant ne laissa pas de souffrir des ravages des Anglais qui, au nom de Charles II, se jetèrent en 1358 sur l'Orléanais, le Gâtinais et l'Auxerrois, et y revinrent l'année suivante pour marcher sur Châtillon-sur-Seine où se trouvait rassemblée toute la noblesse bourguignonne. Pendant cette campagne, à la bataille de Brion-sur-Ource, Miles VIII de Noyers fut fait prisonnier par l'écuyer du roi d'Angleterre, Robert de Saül. Malgré la dureté des temps, les habitants de Chablis payèrent en l'église Saint-Thomas de Londres, une partie de la rançon de leur advoué fixée à 7,000 mailles d'or.

Rendu à la liberté en 1362, Miles VIII servit encore le roi de France en 1368. Isabeau de Pacy, sa femme, ne lui laissa pas d'enfants. Jeanne de Noyers, veuve du chevalier d'Augimont, dame de Chigny et de Westersalh, hérita de ses domaines. A la mort de cette douairière, la terre de Noyers et ses dépendances retournèrent à la dame de Grancey et à Marie de Chastelvilain qui, toutes deux, descendaient du Grand Miles par Mahault, sa seconde fille.

En exécution des clauses du testament de Marie de Chastelvilain, les priviléges de la maison de Noyers à Chablis furent mis en adjudication le 13 décembre 1367. Deux concurrents se présentèrent : le bailli de Sens, fondé de pouvoirs du roi Charles V, et le trésorier de Saint-Martin. Les enchères montèrent à un taux énorme; enfin le roi l'emporta, et Chablis se trouva définitivement et directement réuni au domaine de la couronne. A partir du jour de l'adjudication on l'appela *ville royale ;* la suzeraineté et tous ses attributs demeurèrent partagés entre Charles V et Saint-Martin. Le gardiator, prit le titre de prévôt royal; et, sur le sceau de la cour commune, les armes de France remplacèrent l'aigle griffon des sires de Noyers. Enfin, pour faire évanouir toutes les préventions que ses nouveaux sujets gardaient contre les Valois et se donner un vernis de popularité, Charles

V leur accorda le revenu d'un octroi appelé *droit de jauge*, qui se prélevait sur les marchands de vins. Cette concession fut confirmée par Charles VI, en 1387, malgré les oppositions formées par les jaugeurs d'Auxerre, qui perdaient, par ce nouvel établissement, une partie des bénéfices de leur état.

A mesure que les maisons des bourgeois, des hommes de Saint-Martin et du roi de France, se répandaient dans la plaine et formaient de nouvelles rues, les habitants de Chablis apprenaient, à leurs dépens, à combien de maux et d'occasions de ruine se trouve exposée une ville importante, ouverte à tous venants. Car loin de pouvoir protéger les demeures et les propriétés particulières, à peine si, en cas d'attaque imprévue, le château de la ville basse et le moutier fort de Saint-Cosme offraient un refuge au cinquième de la population. Et cependant, jamais la nécessité de hautes et solides murailles ne s'était fait sentir davantage. Des bandes armées, débris des *grandes compagnies,* parcouraient alors nos campagnes. Chefs et soldats venaient à chaque instant prendre place à la table et au foyer des bourgeois et des paysans. Nos pères ne connaissaient pas de fléaux plus redoutables que ces soudards, sans feu ni lieu, connus sous le nom de routiers, tard-venus, Navarrais, tous gens de sac et de corde, qui se ruaient sur leurs familles. Avides d'argent et de butin, amateurs de bon vin et de beau sexe, ces pillards ne sortaient jamais d'un logis sans emporter avec eux mille malédictions. C'était là leur moindre souci : les Grandes Compagnies avaient forcé le Saint-Père à les bénir, après l'avoir mis à contribution, lui et ses cardinaux, dans sa bonne ville d'Avignon.

Désolés de se voir sans cesse jouets de toutes les passions d'une soldatesque brutale et indisciplinée, les communiers de Chablis, par l'organe de leurs vénérables eschevins, maîtres Jacques Lestoille et Jacques Poilly, présentèrent au roi et à Saint-Martin une humble supplique, où ils demandaient l'autorisation de *fortifier, clorre et fossoyer* leur ville (1403). Charles VI était déjà fou, et la faction d'Orléans venait de s'emparer du pouvoir. Le duc Louis, son chef, de désastreuse mémoire, qui connaissait le peu d'attachement des pétitionnaires à la couronne de France, profita de l'occasion pour rallier à son parti une ville que convoitait ardemment le parti bourguignon, comme étant la clef de l'Auxerrois et de l'Avalonnais. Le régent octroya donc l'autorisation demandée : et, dans les *Lettres Réaux* qu'il fit signer au roi, il accorda *aux manans et habitans demourans en la ville de Chablies, advisés entr'eulx des aydes les plus proufitables et moins grevables, pour advenir à la forti-*

fication, le droict de vendre le disième des vins qui viendroient et cuiliz seroient ès vignes estans oudit finage de Chablies et ès lieux d'environ, accoutumez de desblaver en ladite ville de Chablies jusques à huict ans, et aussi que la moictié des maisons, places, jardins et lieux qui seroient compris dedens la clôture d'ycelle fortification, et appartenans au roi et à Sainct-Martin, seroient vendus, baillés et délivrés au plus offrant et darrenier enchérisseur, et l'argent qui y estroit mis, baillé, délivré, employé en ycelle fortification.

Obéissant à l'impulsion donnée par le régent, le chapitre de Saint-Martin de Tours accéda au vœu de la commune de Chablis. Le 20 juin 1405, il envoya aux eschevins, pour la fortification de la cité, un consentement officiel, en langue latine, et motivé par les pertes et dommages de toute espèce que causaient aux citoyens d'une ville importante — *villæ notabilissimæ* — et située dans une contrée fertile et très-vignoble—*et in patriâ uberrimâ et fertili scituatæ*— les continuelles incursions des gens de guerre de tous les partis. Dans sa lettre d'octroi, le chapitre faisait savoir que, après une mûre délibération, les chanoines de Saint-Martin, assemblés, selon la coutume, au son de la cloche du chapitre—*campanæ capitularis more solita congregati capitulariter*—avaient accordé aux habitants de leur ville de Chablis, non seulement la permission de construire des murailles, mais encore de prélever, sur la ferme de la collégiale, pendant huit ans, vingt-cinq livres tournois, ainsi que le prix de la vente du dixième des vins récoltés dans le viguier seigneurial, afin que cet argent indemnisât les bourgeois des énormes sacrifices qu'ils allaient s'imposer. Le chapitre consentait aussi à laisser creuser le lit du Serain partout où il serait nécessaire. Mais à toutes ces concessions il mit la condition expresse que son fermier, Guillaume Bonafos, empêcherait de démolir aucun des édifices féodaux tels que la halle, le four, les moulins, etc., et que la construction projetée ne porterait en rien préjudice aux droits et priviléges impérissables de l'Église.

Quelques jours après l'obtention du consentement de la collégiale, signé du trésorier de la Bruyère, le régent envoya, pour tracer le plan de la nouvelle enceinte de Chablis, le chevalier Gasselin Dubos, seigneur de Raincheval, chambellan du roi, bailli de Sens et d'Auxerre, et commissaire du duc de Bourgogne dans ces deux villes. Magnifiquement reçu par le prévôt, Gasselin Dubos parcourut la ville haute et la ville basse, et reconnut que la modicité des ressources disponibles ne permettrait pas de retrancher ces deux quartiers derrière une vaste ligne elliptique de fortifications. Il fit d'ailleurs très-judicieusement observer que, en cas d'attaque, un tel système de construction aurait un immense inconvénient, celui de disséminer les forces peu formidables des assiégés sur une trop grande étendue de murailles. « Il faut donc—ajouta le bailli—que l'on se décide à fortifier seulement l'une des deux fractions de la commune : la ville proprement dite, ou le faubourg Saint-Pierre. » Comprenant parfaitement tout l'avantage qu'elle retirerait d'être mise à l'abri de toute agression hostile, par des remparts construits dans des conditions stratégiques irréprochables, la bourgeoisie de chaque quartier présenta un projet différent qui fut appuyé de part et d'autre par les hommes les plus considérables et les raisons les plus péremptoires. Dans la crainte de voir tout s'enrayer, le bailli de Sens convoqua sur les lieux, le 30 juin 1405, pour trancher le litige, un lit de justice suprême où siégèrent, sous sa présidence, nobles hommes : Monsieur Jehan de Saint-Verain, chevalier, seigneur de Pacy et de Jauges; Jacquot de Looze, seigneur de Flogny; Jehan de Valentigny, seigneur de Villiers-les-Haut; Charles d'Engauvimet, seigneur d'Ancy-le-Franc; Jehan Coignet, seigneur de Villefargeau, écuyer; maîtres Jehan Régnier et Giles Petit, lieutenants au baillage et plusieurs autres. *Yceux nobles et saiges jurarent par leur serre-*

mens et loyautez, qu'ils conscilleroient et aviseroient le mieulx pour le bien du publicq, et aprez s'estre transportés par toute ycelle ville de Chablis, advisièrent qu'il estoit chose plus convenable, aisiée et moins coustable de fortifier, clorre et fossoyer la partie de la commune qui renfermait Saint-Martin, la collégiale, le prytanée, la halle, la boucherie et le grand four bannal, de préférence à celle où se trouvaient Saint-Pierre, Saint-Charlemagne, Saint-Cosme, l'hospice, les écoles et le Petit-Pontigny.

Les bourgeois de la ville basse avaient triomphé. Pour commencer les travaux, il ne restait plus qu'à réunir les fonds nécessaires. Dans ce but, au mois de février de la même année 1405, Gasselin Dubos, bailli de Sens, se rendit de rechef à Chablis, et fit annoncer, pendant quatre jours de suite, par le crieur public, que, le premier mars prochain, les maisons, places, jardins et autres immeubles appartenant au roi, seraient vendus aux enchères, et argent comptant, au profit de la commune de Chablis, et que le prix en serait immédiatement employé à la fortification de la ville. Au jour fixé, l'adjudication eut lieu, en' présence du bailli et de Estienne Belme, tabellion royal. Elle produisit une somme nette de quatre mille deux cent soixante-dix-sept livres, neuf sous, huit deniers tournois. Quelques jours après, le doyen de la collégiale offrait, sans nappe, le sacrifice de la messe, sur la première pierre des fortifications de Chablis, et implorait les célestes bénédictions du Dieu des armées pour le plus grand ouvrage de défensive qu'ait jamais entrepris notre commune. Une foule immense, recueillie dans la prière, munie d'instruments de travail, assistait à la cérémonie; après la célébration des saints mystères, elle se mit à l'œuvre avec ardeur, et les blocs s'entassèrent comme par enchantement, et, couronné de fleurs, dans un nuage d'encens, un premier pan de mur s'élança dans les airs (*).

O fortunati quorum jam mœnia surgunt!

pouvaient s'écrier, après le pieux Énée, les bourgeois du faubourg Saint-Pierre, en voyant chaque jour s'allonger la forte ceinture des remparts de la cité; et loin de se montrer jaloux, ils hâtèrent encore les travaux par des dons particuliers. Quoique plusieurs fois interrompue par les guerres civiles, la construction avança rapidement : en 1421, le chanoine chargé du recouvrement des deniers et du solde des dépenses rendit compte de ses opérations. Il paraîtrait toutefois que la fortification ne fut totalement achevée qu'en 1423. Quelques années suffirent donc pour mettre notre commune en état de soutenir un siége, dans toutes les règles de l'art militaire.

(*) Poëme épique sur la prise de Chablis.—Bibliothèque Boucher.

Chablis, ô ma patrie, qu'as-tu fait de cette belle couronne de tours dont tu te parais si orgueilleusement? Ces vingt-neuf sœurs, à la tête crénelée, qui se tenaient entre elles par la main, ont donc achevé, autour de notre commune, leur ronde belliqueuse? Je ne vois plus le fort du roi, surmonté du drapeau de saint Louis, où, dans un ciel d'argent, étincelait l'or des fleurs de lys de France? Qu'est devenu le fort Saint-Martin, au-dessus duquel on distinguait de si loin la bannière rouge de la collégiale ? Le donjon des eschevins n'est plus ! Quelques lambeaux de remparts sont seuls encore debout, mais démantelés et penchés sous le poids des ans, vierges de réparations modernes. Leur majesté en ruines inspire une admiration respectueuse. Ils évoquent de glorieux souvenirs. Sur les talus, le vent de Vaux-Charmes agite les tiges noirâtres de la giroflée sauvage et répand, avec une odeur amère, ses fleurs dorées sur le chemin. Entre les crevasses, dans un sol de ciment, végètent quelques arbres rabougris, quelques branches de vigne, dont une main avare recueille les fruits desséchés. L'industrie moderne a transformé en jardins anglais ces fossés de quarante pieds de large que jadis une eau rapide remplissait à pleins bords. Le Serain, qui, à l'angle de la tour du sud, s'élançait de ses rives fleuries pour se resserrer entre deux murs de roc et baigner le pied des remparts, coule paisiblement dans la vallée. Dans les ouvrages avancés qui défendaient l'approche du pont, on entasse à présent des chevaux et des fourrages. La poterne Lauria a perdu jusqu'à son nom. Deux pavillons bourgeois, d'une élégance douteuse, ont remplacé le fort Rabus. De la porte auxerroise il ne reste plus que les énormes gonds sur lesquels elle roulait en grondant. Les tourelles pointues de la porte Noël accusent une construction récente. Celle qui fait l'angle de la rue des Juifs sert de prison de ville : dans sa partie inférieure, on a creusé un cachot circulaire aux parois de rocher ; au-dessus de cette cellule souterraine s'étend un espace muré, que l'on peut qualifier du nom de chambre ; des plaisants l'appellent le *violon* ; une large fenêtre, garnie d'épais barreaux, laisse arriver la lumière du ciel jusqu'aux prisonniers qu'on y enferme, pour infraction aux réglements de police ou à la discipline de la garde nationale.

Il m'en coûte de le dire : ce qui reste de nos murailles est à peine digne des regards du visiteur étranger. Mais leurs débris parlent encore un sublime langage à l'âme des enfants de Chablis. Témoins d'une puissance évanouie, de notre nullité présente, ils invitent à mettre en parallèle la vie active et guerrière des anciens avec la monotonie de nos existences modernes. Qui de mes concitoyens, à l'aspect de ses débris, n'a pas refait, par la pensée, l'écharpe de pierre aux broderies tailladées qui ceignait la ville de Saint-Martin ? Quel est celui dont l'imagination ne l'a pas transporté au milieu de ses pères, en armes, sur les murs de la cité ? Qui, avec tous les bourgeois, les chanoines et les clercs, n'a pas monté, l'arquebuse au bras, la garde sur les plates-formes, n'a pas répété le pieux mot d'ordre, *Dieu, Saint-Martin, le Roi*, ne s'est pas découvert respectueusement à l'arrivée des eschevins visitant tous les postes, les clefs de la ville pendues au ceinturon ?

Tandis que Chablis s'entourait de murs, la France, notre mère-patrie, s'abîmait dans la honte et l'ignominie. Profitant de la démence de l'infortuné Charles VI, les princes du sang accéléraient la ruine de la nationalité, pour le seul profit de leurs ambitions. A la grande joie de nos ennemis d'outre-mer, Paris, à cette époque, servait de théâtre au prologue du drame de 93. Chaque scène se terminait par un assassinat. Les Armagnacs massacraient les Bourguignons pour venger la mort de Louis d'Orléans, les Bourguignons massacraient les Armagnacs au nom de l'honneur et de la liberté. Prise et reprise successivement par les deux factions, cette malheureuse capitale servait à assouvir toutes les haines, toutes les vengeances. Un boucher et un bourreau y dominèrent long-temps du droit de la massue et du coutelas. La province imita Paris : l'incendie promena partout son flambeau destructeur, la guerre civile son glaive aux mille pointes empoisonnées. Peut-être avec plus de justesse que du temps de la ligue, on pouvait dire alors :

> Que des fleuves français les eaux ensanglantées
> Ne portaient que des morts aux mers épouvantées.

Le peuple maudissait également tous les gouvernements qui se succédaient, *loups ravisseurs qui emportaient la brebis avec la laine, dévoraient la chair avec le sang.* Les paysans, qui ne croyaient pas que le malheur pût croître, devenaient presque insensés de désespoir; ils se réfugiaient dans les bois, aimant mieux périr par la dent des bêtes sauvages que sous les coups des sicaires enrégimentés, ou des assommeurs à la journée.

Lorsqu'on apprit, à Chablis, la funeste issue de la bataille d'Azincourt, qui combla la mesure des calamités nationales, notre territoire était infesté par les gens du duc de Bourgogne, qui, sous le commandement du maréchal de Vergy, venaient de s'emparer de Tonnerre, et mettaient tous ses environs à feu et à sang. Après deux ans d'horribles exploits, en l'année 1417, qui commença le 11 avril, de Vergy rejoignit son maître sous les murs de Paris. Tout en assiégeant la capitale, le duc Jean-sans-Peur traitait alors en secret avec le Dauphin. Lorsqu'il fut assuré de son concours, il écrivit aux bonnes villes de France des lettres dans lesquelles il dénonçait les Armagnacs à la vindicte publique et les accusait de tous les maux qui désolaient le royaume. Ce message, où il promettait de travailler à la réparation de l'état et au soulagement du peuple, si grièvement opprimé par les aides, les tailles, les gabelles, etc., produisit un effet décisif dans les villes et dans les campagnes. Le maréchal de Toulougeon, chambellan du duc de Bourgogne, qui parcourait les provinces, pour sonder l'opinion, reçut de tous côtés des lettres publiques d'adhésion aux projets de Jean-sans-Peur. On considérait déjà le duc comme le sauveur du pays, on le suppliait de s'emparer au plus tôt des rênes de l'État, dont *mésusaient une foule de séditieux, parjures, traîtres, tyrans, homicides, empoisonneurs, rapineurs, dissipateurs sans foi, sans loyauté, remplis de perfidie et de cruauté.* A Langres, à Auxerre, à Vermanton, à Saint-Bris, à Chablis, les bourgeois prirent avec enthousiasme la croix de Saint-André. *Ils crioient joyeulxement : vive Jehan! vive Bourgoigne!* persuadés qu'en voulant saisir le pouvoir, ce prince n'avait d'autre but que le bien public et le bonheur de la population.

Fort de l'appui du peuple et du clergé, Bourgogne, avant d'attaquer Paris avec toutes ses forces, résolut de se donner un nouvel et puissant allié, en attirant dans son parti Isabeau de Bavière, exilée à Tours, par les Armagnacs, à cause de ses débauches. Le duc Jean, habilement secondé par Fosseuse et Vergy, enleva donc la reine du couvent de Marmoutiers et la conduisit à Chartres. Après une expédition infructueuse sur la capitale, Jean revint chercher Isabeau, et ils partirent ensemble pour Troyes, séjournant dans les villes dévouées à leur parti, Chateau-Landon, Ferrières, Courtenay, etc. Près de Joigny, un corps considérable d'Armagnacs attaqua le royal cortége. Le prince fugitif n'eut que le temps de chercher un refuge dans les murs de la ville. De Joigny, la reine et son auguste chevalier se dirigèrent sur Auxerre, qui les posséda dans ses murailles du 12 au 22 janvier. Ils couchèrent à Chablis la nuit du 22 au 23, dans la maison du prévôt Thibault de Luceyo, secrétaire du dauphin. Le 25, ils arrivaient à Troyes, où ils demeurèrent jusqu'aux premiers jours de mars.

Au printemps suivant, les Bourguignons s'emparèrent de Paris sur les Armagnacs, par la trahison de Perrinet Leclerc. Loin de justifier les espérances que la province avait mises en lui, dès que le duc Jean fut maître de la capitale, il ne songea plus qu'à exterminer ses ennemis. Il arma de maillets et de couteaux une populace hideuse, l'écume de la lie des faubourgs, avide de ripaille et de sang. En quelques semaines, 18,000 cadavres furent précipités dans la Seine; et, pour que le fleuve gardât ses secrets, le régent défendit de s'y baigner. Les succès de Henri V, roi d'Angleterre, firent ménager un rapprochement entre Bourgogne et les Armagnacs. Les conférences s'ouvrirent à Montereau-fault-Yonne. La hache de Tanneguy Du Châtel y vengea la mort de Louis d'Orléans. On connaît toutes les conséquences de l'assassinat de Jean-sans-Peur. Philippe-le-bon, son fils, s'unit au roi d'Angleterre; et, sur l'ordre d'Isabeau, l'infortuné Charles VI signa l'infâme traité de Troyes, qui livrait la France aux Plantagenets.

En 1423, on chanta à Chablis un *Te Deum* en actions de grâces de la défaite de Charles VII à Crevant. Une garnison anglaise occupait la ville depuis le commencement de l'année. Tous les pouvoirs administratifs et judiciaires se trouvaient centralisés dans la personne d'un gouverneur bourguignon; — Jean Vivien, prévôt du chapitre, résidait alors en cour de Rome. Ce personnage, d'une illustre famille auxerroise, qui depuis s'établit à Paris et y produisit des hommes distingués, cumulait, avec le titre de prévôt, ceux de chanoine et de chantre de la cathédrale d'Auxerre.

Peu s'en fallut qu'il ne fût élevé à l'épiscopat. Certes, si ce prévôt, au lieu de dépenser en loisirs un temps précieux, dans la ville sainte, était demeuré courageusement à son poste, pendant le temps de la domination britannique, il aurait empêché sans doute bien des cruautés, bien des exactions, dans une ville occupée par l'ennemi, sillonnée sans cesse par des troupes de passage. Mais, par malheur pour Chablis, Jean Vivien appartenait à cette race d'hommes, encore existante aujourd'hui, qui sacrifierait le bonheur social à l'ambition d'une puissance quelconque, leur pays au triomphe d'une idée occulte dont la discussion est un crime aux yeux de ses sectaires.

Au mois d'octobre 1425, les habitants de Chablis reçurent du duc de Warwick l'ordre d'envoyer, le 7 février prochain, leurs eschevins à Sens, chef-lieu du baillage, pour y voter des subsides avec les députés de Saint-Florentin, Ervy, Brienon, Auxerre, Joigny, Villeneuve-le-Roi et Villeneuve-l'Archevêque. Chacune de ces villes obéit aux injonctions du capitaine anglais, et l'assemblée s'imposa autant qu'il le voulut. Cinq ans plus tard, notre commune se tailla de nouveau ; mais cette fois, ce fut volontairement et pour le roi Charles VII. Les Français avaient repris Chablis, lorsque, fuyant devant l'étendard de l'héroïque pucelle, André de Toulongeon, maréchal de Bourgogne, évacua le Tonnerrois et se replia sur Châtillon — 1426. La garnison royaliste qui s'était jetée dans nos murs devint la terreur des Anglo-Bourguignons. Dans de fréquentes expéditions, avec celle de Gy-l'Évêque, elle répandit dans tout l'Auxerrois la terreur des armes nationales. Peu contente de ravager les campagnes, d'empêcher de cultiver les terres, d'enlever les chevaux et le bétail, elle réduisait encore à la famine, en interceptant leurs convois de vivres, toutes les villes au pouvoir de l'étranger. [Souvent — dit un moine de Saint-Bénigne — en affamant ainsi les places, la garnison de Chablis les força à ouvrir leurs portes et à payer de fortes contributions. Renforcée par les volontaires de la ville, elle fit trembler dans Villeneuve-le-Roi le fameux soudard Perrinet Grasset, et rançonna Joigny, Sens et Melun.

Pendant que nos pères se signalaient contre les ennemis de la France, Jeanne d'Arc expirait dans les tortures du bûcher. Comme fit, après 400 ans, le martyr de Sainte-Hélène, cette fille inspirée légua l'opprobre de sa mort au peuple et à la maison d'Angleterre.

Jusqu'à la fin des hostilités, Chablis resta fidèle à Charles VII ; son fils Louis XI eut toujours toutes les sympathies de la commune. Ce prince augmenta les priviléges des habitants aux dépens de ceux du chapitre et du prévôt qui, depuis la paix, tout entiers à leurs passions, n'avaient d'autre souci que de céler aux yeux de tous les scènes mystérieuses dont saint Martin était le théâtre (*).

En se posant comme le champion du Tiers-État vis-à-vis de la puissance seigneuriale, Louis XI — chacun le sait — n'avait qu'un but : celui d'anéantir l'aristocratie pour ne laisser en France qu'un peuple et un roi. Sous l'influence de cette idée profondément politique, il martela sans cesse, de son sceptre de fer, les têtes les plus orgueilleuses de la féodalité. Quand l'une d'elles osa se redresser sous le coup, il la fit tomber sous la hache du bourreau. Louis XI savait bien que l'autocratie ne pouvait s'appuyer sur une noblesse hautaine et redoutable ; c'était parmi le peuple qu'elle devait jeter ses fondements. Ainsi, tant pour enfoncer plus profondément le coin monarchique dans le tronc pourri du vieux chêne féodal que pour s'attirer la bienveillanc du Tiers-État, il délivra presque toutes les villes de France — Chablis entre autres — des entraves dont les seigneuries locales garottaient la bourgeoisie ; et, tout en rapportant, par la centralisation, les priviléges populaires à l'autorité dynastique, il rétablit dans chaque cité celles des institutions municipales qui n'étaient pas contrai-

(*) Visites du chap. de Saint-Martin.

res au principe de la royauté. De plus, il favorisa le commerce et tous les genres d'industrie qui pouvaient enrichir la roture et accroître son importance.

Pendant la lutte de cet habile fondateur de la monarchie avec Charles-le-Téméraire, le dernier et le plus chevaleresque représentant de la féodalité, la ville de Chablis reçut dans ses murs plusieurs compagnies de milice royale. Soutenue par les habitants et les troupes françaises qui occupaient Joigny, Brienon et Seignelay, cette garnison faisait des courses continuelles sur le territoire d'Auxerre dont les habitants avaient juré au duc de Bourgogne de s'ensevelir sous les ruines de leur ville, plutôt que de la livrer à Louis XI. Telle était la terreur que ces sorties inspiraient aux Auxerrois, qu'après la conclusion d'un traité entre les parties belligérantes, au mois d'avril 1471, ils envoyèrent à Chablis un messager pour annoncer la trêve dans la crainte que cette nouvelle n'y parvînt tardivement. Les hostilités recommencèrent l'année suivante « et les paysans —dit Lebœuf— n'osant plus apporter des provisions à Auxerre, ni y venir acquitter leurs dettes, sans un sauf-conduit, les habitants redoutant les suites, députèrent à Aspremont et à Gray-sur-Saône, vers le bâtard de Bourgogne, un prêtre, nommé Jacques Desforges, qui présenta à ce seigneur les supplications que le gouverneur et autres officiers d'Auxerre lui faisaient d'accorder des sauf-conduits pour toutes les villes et villages qui étaient situés sur les terres du roi, limitrophes de la ville et du comté d'Auxerre. De ce nombre étaient Chablis, Bene, Courgis, Prey, etc. Ce seigneur ayant accordé ces sauf-conduits, les Auxerrois en envoyèrent des copies secrètement, par deux femmes, dans les villes et villages ci-dessus nommés, sous condition que chacun de ces lieux entretiendrait pareillement les lettres de sûreté que le gouverneur de Sens et de Champagne avait envoyé aux habitants d'Auxerre pour aller faire la récolte des terres et des vignes qu'ils possédaient sur les domaines du roi. »

Les citoyens de Chablis observèrent rigoureusement les conditions de cette espèce de traité. Ils respectèrent les propriétés des Auxerrois, se rendirent dans leur ville toutes les fois que leurs affaires les y appelaient, mais continuèrent, comme par le passé, de maltraiter leur commune, jusqu'à ce que la mort de Charles-le-Téméraire mît fin à cette guerre à mort, et que le roi de France possédât enfin cette magnifique province de Bourgogne dont la conquête avait été le rêve de toute sa vie.

Louis XI voyait avec plaisir les progrès des sciences, des arts et des lettres. Il offrit sa protection aux ouvriers imprimeurs qu'avait chassés de Mayence la tyrannie d'Adolphe de Nassau. Le monarque français, prince à vues larges, dont l'esprit embrassait toutes les conséquences probables d'un fait, comprit tous les avantages que retirerait un jour la science de l'art admirable des réfugiés Allemands et les rapides progrès qu'il ferait faire à l'esprit public ; mais, ce qu'il ne devina pas, c'est que l'imprimerie, qu'il aurait pu étouffer dans ses langes, deviendrait un jour une arme formidable entre les mains des ennemis de ce trône qu'il étayait si laborieusement avec les ossements de la féodalité. Le quatrième privilége d'imprimeur que Louis accorda en France fut à un habile spéculateur du nom de Pierre Lerouge qui vint s'établir à Chablis.

La bibliothèque d'Auxerre possède un missel imprimé à Chablis en 1480. L'évêque Jean Baillet, l'un des prélats les plus éclairés de l'Église contemporaine, s'entendit avec Pierre Lerouge pour la publication d'un bréviaire à l'usage du diocèse d'Auxerre. Ils convinrent du prix ; et en 1483 le livre parut. La fête de saint François y était élevée au rang des fêtes doubles, article statué dans le synode de cette année où se publièrent des indulgences accordées par Sixte IV à ceux qui célébreraient cette fête sous ce rit.

Jamais peut-être la ville de Chablis ne jouit d'une

tranquillité plus parfaite et d'une prospérité plus constante que vers la fin du XV° siécle et le commencement du XVI°. A peine si cette époque si calme, si fortunée, est semée de quelques jours néfastes que fait oublier la sérénité du lendemain. Aussi, fournit-elle peu de documents à l'histoire. Les eschevins organisent les finances de la cité. Ils dressent un état exact des revenus communaux et règlent sagement les dépenses. On amodie les vignes et les prés de la ville; et, par suite de l'abandon formel du ban de vin par le chapitre, on prélève au profit du trésor commun un droit de pinte, de un sol par livre, sur les taverniers et cabaretiers. On établit des octrois aux trois portes de la ville, ainsi qu'un impôt extraordinaire frappant les propriétés foncières et connu sous le nom de *prébende préceptoriale*, pour subvenir aux frais de logement et de chauffage d'un maître d'école; car, depuis longtemps les religieux de Pontigny avaient fermé les portes du séminaire de St-Edmond, déserté par la jeunesse, dès la première période de la guerre de cent ans. En 1485, le chapitre autorise l'établissement *d'une grande horologe* dans la tour de St-Martin; cinq ans après, les officiers municipaux font confirmer à leurs administrés la franche possession des pâtis(*).

(*) L'acte de confirmation est conçu en ces termes :
Loys Boucher, licencié en loix, lieutenant général de M. le bailly

Nous allons juger avec quelle incroyable rapidité s'accrurent, sous les règnes de Louis XII et de François 1ᵉʳ, la richesse et la population de la commune :

En exécution des ordres adressés *au prévôt royal, le sieur Devienne* (*), *juge commun entre le roi et le*

de Sens, François Grassin, aucy licên. en loix, prûreur, et Pierre de Viel-Chatel, recvr. ordinaire pr. le Roy nôstre sire et sgr. au dict baillaige, cômis ordonnés de p. le Roy nôst. sire et sgr. sur le faict des francfiefs et nouveaulx acquestes faicts par les gês d'église non admortis, hômes, serfs, màns et affranchis, gês non nobles tên. pocessiô., nobles estans ès fins et recette du d. baill. et ancien ressort d'iceluy, à tous ceulx qui ces présentes lettres verront, salut : scavoir faisons que en suivant le pôvoir à nous donné et cômis par le d. sgr., nons avons faict appeler par devt. nous, au lieu de Toneure, la ville et communaulté des Chablyes afin de baillé par déclaraciô les usaiges qu'ils ont; pour lesquels hbtans c'est comparu Jehan Neronat demourant au dict lieu, lequel nous a affirmé que la dicte communaulté de Chablies tient en usaige ensviron vingt arpens de pâtis et demye lieu d. rivière franchie de quoy ils ont joy de si longtemps qu'il n'est mémoire du côm̂âcmt ni du côtraire. Pourquoy icelle côm̂ûnlté avons renvoyée par ces présentes sans solver finence au Roy nost. sire et sgr., sauf son droict et l'autruy en toutes. Et en témoig. de ce, Nous avons scell. ces présentes de nos scaulx et faict signer du gref. du d. Baill. le vj. jour de juing l'an mil IIIIC nonante,   Signé : A. Hanoteau.

(*) Jusqu'au XIVᵉ siècle, le prévôt royal avait toujours résidé à Chablis, près la porte Auxerroise. Devienne transporta sa résidence à la porte du Pont. La maison qu'il occupait et que le roi acheta dans la suite pour loger son prévôt, appartient maintenant à madame veuve Cailly; c'est l'hôtel du Lion-d'Or. La vaste cheminée, dans le style de la Renaissance de l'ancienne prévôté, attire encore tous les regards. Je n'essaierai pas d'écrire ce curieux ouvrage de sculpture ; il est trop connu pour cela ; je rappellerai seulement la devise gravée sur l'encadrement du milieu : flamma fumo proxima.

grand prévôt de la collégiale, dignité en *l'église Monsieur Saint-Martin de Tours*, l'ingénieur géomètre du baillage de Villeneuve-le-Roi, dressa, au mois d'octobre 1537, un terrier général de la ville et du finage de Chablis. Le dossier de cette opération cadastrale constate que le nombre des propriétaires de biens se trouvait alors porté à sept cents. Il s'était élevé de cent-quatre-vingt-trois en cinquante ans, et de deux cent cinquante depuis l'établissement du terrier de 1328. — L'importance de la ville découlait de la renommée de ses vignobles. On célébrait le Chablis à la cour et à la ville. A l'exemple des ribauds de sa capitale, le roi François 1er en but plus d'un doigt. Ce vin qui délectait un *tyran*, les plus fougueux révolutionnaires ne l'ont jamais méprisé : le fameux *orateur du genre humain*, Anacharsis Clootz, lui dut ses plus célèbres Philippiques.

A mesure que leur commerce devenait plus considérable, les propriétaires se plaignaient de la difficulté du transport de leurs vins à Auxerre, d'où on les conduisait par eau à Paris, en descendant l'Yonne et la Seine. Pour éviter les pertes et les détériorations qu'occasionnait un voyage de 5 lieues par les chemins presque à pic et souvent impraticables qui unissaient Chablis et la capitale de l'Auxerrois, les habitants envoyèrent à Paris, en 1529, des députés pour demander au roi la prompte canalisation du Serain. La proposition déférée au prévôt des marchands fut bien accueillie de ce magistrat : le commerce, en général, devait retirer de grands avantages de l'exécution d'une telle entreprise. Un ingénieur royal, expert dans l'espèce, vint sur les lieux étudier le projet ; et, comme il lui parut admissible, il dressa un état estimatif des indemnités auxquelles auraient droit les propriétaires riverains, depuis Chablis jusqu'au confluent du Serain et de la rivière d'Yonne. Les travaux allaient commencer sous la direction du commissaire royal, quand les religieux de Pontigny adressèrent à François 1er un exposé de motifs *de incommodo* qui concluait à la non-approbation des plans et devis. Dans cette supplique argumentée, ils représentaient au roi que, à cause du peu de profondeur de son lit, les bateaux chargés ne pourraient pas descendre le cours du Serain et que les marécages et les fondrières semées sur ses bords ne permettraient pas de frayer un chemin de hallage, pour remonter les bateaux vides. Les véritables raisons qui les engageaient à protester contre le projet de rendre le Serain navigable, les religieux ne les invoquèrent point dans leur mémoire. — Pendant plus d'une lieue, le Serain serpentait entre deux rives qui leur appartenaient, et ses eaux baignaient le pied de l'abbaye. Ils craignaient que les travaux de redressement ne nuisissent à leurs magnifiques propriétés ; et, quand la nouvelle voie de communication serait livrée à la marine, que les chants des bateliers, le bruit des attelages ou des regards indiscrets ne vinssent troubler la tranquillité de leurs pieuses solitudes. François 1er communiqua la plainte à son ingénieur et ce dernier, muni des pleins pouvoirs du roi, n'hésita pas à donner suite au projet. Les moines de Pontigny, dans l'obligation de céder, ne voulurent pas paraître vaincus. Ils adressèrent au parlement un bref où ils annonçaient : que, après de mûres réflexions, ils consentaient à la canalisation du Serain, dans l'intérêt des vignerons de Chablis et pour être agréables au chapitre de Saint-Martin, mais à la condition qu'ils auraient autant d'eau que par le passé, pour alimenter leurs moulins, leurs viviers, leurs fontaines, leurs cascades, et qu'on ne remuerait pas une seule pierre de leur couvent.

Désormais aucun obstacle n'empêchait plus de réaliser les vœux des habitants de Chablis ; mais les troubles religieux qui survinrent sur ces entrefaites firent traîner l'affaire en longueur ; elle était déjà tombée dans l'oubli lorsque la guerre civile éclata au nom d'une religion de paix. — En achevant d'écrire tout ce qui a trait à la navigation de notre cours d'eau, je dois citer, parmi les plus ardents défenseurs du projet, un lecteur de la cathédrale d'Auxerre, nommé Guillaume Chausson, né à Chablis, en 1492. Guillaume Chausson fit partie de la députation que ses compatriotes envoyèrent à François 1er en 1529. Cet ecclésiastique, qui fut vicaire-général de celui qui administra l'évêché d'Auxerre pendant la résidence de François de Dinteville en Italie, mourut en 1548.

Au temps où nous sommes arrivés, l'administration judiciaire de la commune dépendait du baillage de Villeneuve-le-Roi. Cependant, comme Chablis avait fait longtemps partie du baillage de Sens, on prononçait sur les crimes qui se commettaient dans notre ville et les différends qui s'élevaient entre les bourgeois, d'après les statuts de la coutume de Sens. Bizarre amalgame du droit féodal et de la jurisprudence romaine, les articles de ce code n'étaient pas formulés par séries et sur des parchemins officiels auxquels on pouvait recourir en cas de litige. La coutume sénonaise n'existait pour ainsi dire que dans la mémoire des juges du baillage. De là des arrêts arbitraires qui faisaient jeter les hauts cris aux justiciables. Le roi Henri II, à qui de nombreuses réclamations ne cessaient de parvenir, envoya, à Sens, Christofle de Thou, président, Christosfle de Harlay et

Barthélemy Faye, conseillers en sa cour du parlement, pour rédiger par escript les dictes coutumes en présence des députés des trois États dudit baillage.

Le chapitre de Saint-Martin délégua pour le représenter à l'assemblée de rédaction, Etienne Mauroy, procureur au bailliage et siége présidial. Les curé, manâs et habitants de la commune de Chablis, des villes de Courgis et Chichées, choisirent aucy le dict Mauroy, pour leur fondé de pouvoir.

Sur l'invitation de Charles de Fleurigny, escuyer tranchent, bailli et capitaine de Sens, les députés se réunirent, le 4 novembre, dans la grande salle des Jacobins de cette ville. Tous les articles de la coutume y furent discutés les uns après les autres. Ils portaient sur tout ce qui pouvait ressortir de la procédure criminelle et de la procédure civile : haulte, basse, moïenne justices et exploicts d'ycelles ; — droit des bastards, retraict lignager, testamèts, institutions d'héritiers, successions, partaiges, divisions, servitutes, donations entre vifs, achat de possession, bail, garde des enfants mineurs nobles, tutèle de non-nobles, etc.... La coustume régloit aucy les proficts des possesseurs de fieds, les censives et tous les droits feudaulx. Elle donnait des détails sur la manière dont doibvoient se passer les marchés, ventes, achats, louages

et autres contracts et convenàces. Enfin elle instituait une police forestière et fluviale. — Dans le procès-verbal des séances, on lit que lors de la discussion de l'article 21, ainsi proposé par le procureur du roi :
— *Celui qui ha justice foncière peut aucy leuer et demander les lots de ventes qui sont chacun de* 20 *deniers tourn. pour chaque livre ;* Duboys, advocat, adsisté de Mauroy, procureur des habitants de Chablis, fit observer que tous les héritages situés et assis aux finage, territoire et justice dudict Chablyx ne doibvoient aucun droit de censive, lods ne ventes, dont ils avoient tiltre et possession immémoriale. Le procureur du roy soutint contrairement à la remarque du dict Duboys et les États passèrent oultre.

Certes, les observations de l'avocat étaient aussi justes dans le fond que dans la forme. Les habitants de Chablis n'avaient jamais payé le droit de vente. Le roi, le comte de Champagne et Saint-Martin leur avait reconnu ce privilége, sanctionné par le temps et l'usage. Si l'assemblée ne s'arrêta pas à la réclamation de Duboys, c'est sans doute qu'il fut mal soutenu ou peut-être démenti par Mauroy, procureur du chapitre, que les membres du Tiers avaient eu le tort de choisir pour leur fondé de pouvoir, puisqu'il représentait déjà des intérêts contraires. En résumé, pour me servir d'une expression du temps, la nouvelle rédaction des coutumes de Sens *n'enmiella* pas le sort des habitants de Chablis.

Si quelqu'un de mes compatriotes ne s'est pas attaché au récit des faits secondaires qui remplissent la fin de ce chapitre, qu'il s'en prenne à la tranquille félicité dont jouirent ses pères pendant tout le temps que les annales de Chablis restent vides d'événements qui parlent à l'imagination ou font vibrer les cordes sensibles du cœur. Le moment est arrivé où le lecteur, fatigué, va regretter son ennui momentané; où il dira avec moi, après le cygne de Cambray : Heureux les temps dont l'histoire n'est pas intéressante !

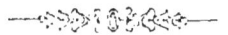

CHAPITRE V.

La Réforme religieuse. — La ligue.

> Que les hommes toujours prêts à entrer dans les malheureuses querelles de religion ou de politique voient à quels excès l'esprit de parti peut conduire. **VOLTAIRE.**

Triomphe de la monarchie sur la féodalité.—François Ier.— Origine de la réforme.— Luther et Calvin.— Le protestantisme nobiliaire. Ses progrès en France. — Orthodoxie des habitants de Chablis. — Fanatisme religieux.— Guerre civile de 1567.— Auxerre livré aux Huguenots. Son clergé à Saint-Martin.— Les moines de Pontigny au faubourg Saint-Pierre.— On met Chablis en état de défense.— Siége de la place.— Incendie et destruction du faubourg.— Prise et sac de la ville basse.— Scènes déchirantes. — Rachat de la cité. — Les Huguenots à Courgis.— Parole de Boulainvilliers.— La Sainte-Épine de Courgis.— Détails sur le fief.— L'ancien faubourg Saint-Pierre.— Politique des protestants.— La Saint-Barthélemy.— Reconstruction du faubourg Saint-Pierre.— Prévôté de Louis de Vaillant.— Les habitants de Chablis se déclarent pour la Ligue.— Ils reconnaissent pour roi Charles de Bourbon.— Attachement du chapitre au parti Guisard.— Les ligueurs d'Auxerre se retirent à Chablis.— Mécontentement des vignerons.— La commune se soumet à Henri IV.

Lorsqu'un fait qui tend au développement de l'esprit public et des institutions politiques s'est une fois accompli, des circonstances imprévues viennent d'abord en paralyser l'effet ; mais, bientôt, par la force même des choses, les conséquences de ce fait reprennent leur cours, et ce qui, un instant, les avait arrêtées, aplanit les difficultés qu'elles auraient pu rencontrer plus tard. — Louis XI tua les puissances aristocratiques et les avilit aux yeux de la multitude pour fortifier le gouvernement monarchique. Or, après la féodalité, l'absolutisme royal était un immense progrès. Dans l'ordre naturel, une telle amélioration devait donc être suivie d'un mouvement rétrograde. Ainsi : dès que son subtil et impitoyable ennemi eut fermé les yeux, la noblesse releva ses mille têtes, lava ses souillures, cautérisa ses plaies. Elle réagit par une lutte acharnée contre l'unité du pouvoir dynastique. Ses plus hardis champions, excités par le duc d'Orléans, tirèrent même, contre la régente, Anne de Beaujeu, l'épée de la chevalerie. Mais, l'opinion publique ne tarda pas à se déclarer contre la révolution oligarchique que les grands s'efforçaient de préparer. Et alors, comme de nos jours, la popularité pouvant seule assurer le triomphe d'une idée ou la réalisation d'un projet, ces tentatives factieuses périrent autant par le ridicule et le contre-temps que sous les coups de la Trémouille et la hache du bourreau. Hors d'état de fournir une nouvelle carrière contre la royauté, la noblesse avoua sa défaite. Elle gravita autour du soleil qu'elle avait essayé d'éclipser. L'éclat de cet astre éblouit les anciens seigneurs féodaux ; malgré eux, ils se sentirent attirés vers son centre ; et, celui sur lequel convergea le plus de rayons se regarda comme le plus honoré. L'amour de la gloire acheva de rallier autour du trône ceux que la magnificence de la cour, l'appât des dignités et d'une autorité dépendante, ne pouvaient consoler de l'extinction des priviléges héraldiques.

Quelques victoires, quelques traits d'héroïsme avaient suffi à François Ier pour engager la noblesse française à oublier le passé et à faire cause commune avec son roi. Il ne fallut qu'un revers de fortune pour briser le pacte qu'avait scellé la victoire entre deux puissances qui s'étaient combattues si longtemps. Le Tiers-État, malgré les impôts dont l'accablait le vainqueur de Marignan, lui conserva une amitié plus durable.

       Le pauvre peuple aime tant les héros!

a dit le grand chansonnier.

Le peu d'attachement des grands seigneurs pour François 1er prouve parfaitement que ce prince n'avait triomphé qu'en apparence de l'opposition féodale et qu'elle se flattait encore de rentrer un jour dans son ancienne indépendance. Déjà l'aristocratie s'apprêtait à rompre ouvertement avec le royalisme, quand la religion lui fournit un prétexte pour commencer la lutte. Le fanatisme lui donna des armes pour la soutenir.

Personne n'ignore les noms des deux pères du protestantisme, Luther et Calvin. Ce que l'on connaît moins dans nos campagnes, c'est l'origine de cette hérésie ; je vais la rapporter en quelques mots :

L'islamisme, triomphant en Égypte et en Syrie, menaçait de briser les barrières de la chrétienté. Le Saint-Siége soutenait presque seul la guerre de la civilisation contre le fanatisme ; ses finances étaient épuisées. Dans cette extrémité, le pape Léon X, de la maison de Médicis, c'est-à-dire prince guerrier et illustre protecteur des arts, fit publier des indulgences pour ceux qui, par leurs aumônes, contribueraient aux frais de la guerre sainte et de la construction du plus magnifique édifice de l'univers, la basilique de Saint-Pierre de Rome. Les moines Dominicains, chargés, en Allemagne, de la distribution des célestes miséricordes, abusèrent étrangement des pouvoirs que leur avait conférés S. S. C'est alors que Jean Stupitz, général des Augustins de Germanie, jaloux de la préférence que le Souverain Pontife accordait aux fils de Dominique, confia à un jeune théologien de l'université de Vittemberg, la mission de dénoncer aux fidèles les moyens employés pour dispenser les indulgences.

Ce jeune théologien s'appelait Martin Luther. Il était né, en 1483, à Istèbe, dans le comté de Mansfeld, non pas du diable et de Marguerite Lindermann, comme la superstition l'écrivait au XVIe siècle, mais d'un père, d'une naissance assez obscure, nommé Jean Luther. L'un des plus célèbres orateurs de l'ordre des Augustins, et encore rempli du souvenir de tout ce qu'il avait vu naguère de déréglé dans la capitale du monde chrétien, Martin tonna furieusement, du haut de la chaire évangélique, contre les abus du trafic des trésors de la religion et la permission d'user d'aliments gras en carême (*). Luther fut dénoncé au pape. Léon X n'osa ni le condamner ni l'absoudre. Enhardi par l'impunité, excité par des princes puissants, l'audacieux augustin traduisit le témoignage de Dieu au tribunal de la raison humaine, il rejeta orgueilleusement tous les dogmes catholiques qui n'avaient pas pour fondement un passage textuel de l'Évangile. Enfin, tout en annonçant qu'il ne reconnaissait à personne le droit ni le pouvoir d'expliquer la parole de Dieu (**), il l'interpréta lui-même

(*) Le R. P. Mainbourg.

(**).... Leges interpretandi verbi Dei non patior.—Luther.— Lettre à Léon X.

à sa manière, établit un système lié par des points principaux et se déclara le chef de la nouvelle communion.

Sur ces entrefaites, un nouveau réformateur parut en France. Son système devançait celui de Luther. Non seulement il enseignait la liberté religieuse, mais encore la liberté politique. Tyran de Genève, il appelait les peuples à une révolte universelle contre les princes de l'Église, les rois, les empereurs, il prédisait la prochaine indépendance des nations.

Jean Calvin naquit, le 10 juillet 1509, à Noyon, d'un père secrétaire de l'évêché. Il n'avait ni la profondeur, ni la souplesse de génie nécessaires à un chef de secte. Comme son panégyriste, Théodore de Bèze, qu'on appela le *Calvinolâtre*, son éloquence ne s'allumait pas aux éclairs de sa pensée ; mais, à un plus haut degré que le disciple, le maître possédait le grand art de donner aux paradoxes les dehors de la logique et de s'approprier, par l'apparence de la nouveauté, les idées émises et les opinions professées depuis longtemps. Car, il ne faut pas croire que Calvin tira de lui-même toutes les théories politiques et sociales qu'il développa avec tant de bonheur et dont J.-J. Rousseau et les encyclopédistes s'emparèrent, deux siècles plus tard. Il les puisa dans les manuscrits de Pierre Valdo, le prophète mystique des Vaudois, dans les violentes diatribes de Thomas Muncer contre la société monarchique, dans les écrits d'Œcolampade, de Zwingle, habile sectaire qui attaqua le catholicisme, parce qu'on lui reprochait de douter de la béatitude de Dominique, de la damnation d'Orphée, d'Hercule, de Solon, de Socrate, de Platon, de Scipion, de Titus, d'Alexandre-Sévère et de tous les autres bienfaiteurs de l'humanité païenne. Quoique le fonds n'en fut pas nouveau, les écrits de Calvin réveillèrent les sentiments libéraux innés dans le cœur des Français. Plusieurs communes accueillirent la réforme avec enthousiasme, par amour pour la liberté.

L'aristocratie se méprit sur les véritables motifs qui engageaient le peuple à renier le culte de ses pères. Elle se faisait une idée trop mesquine d'une âme roturière, pour lui supposer des idées d'indépendance sérieuse, la volonté de se débarrasser de tous les liens, quels qu'ils soient. Loin de regarder la propagation du calvinisme comme un grand pas vers la démocratie chrétienne, elle ne vit dans ce mouvement qu'une protestation contre la royauté qu'elle voulut exploiter à son profit. Elle se déclara donc ouvertement pour la réforme, dans l'espoir que la vague calviniste engloutirait le trône et ferait refleurir l'oligarchie sur ses débris. Déjà, elle voyait le royaume découpé en une multitude de petites républiques féodales, où la noblesse commandait en despote, où le clergé et le Tiers obéissaient en vassaux.

Cet espoir anti-social ne devait pas se réaliser. Dès qu'il comprit leurs desseins, le peuple déserta la cause des grands. Ceux-ci, alors, se jetèrent dans les bras de la ligue et combattirent le roi avec des armes catholiques. A l'aspect du danger, tous les bons citoyens, que n'aveuglait pas le fanatisme, se rallièrent au panache blanc de Henri IV. Par suite de cette fusion, l'unité de la monarchie absolue, plus libérale que l'oligarchie, triompha de tous les efforts rétrogrades. C'en fut fait de la réaction aristocratique. En se concentrant dans la personne du souverain, les anciens priviléges nobiliaires ajoutèrent des rayons plus éclatants à l'auréole de la royauté. Mais hélas! combien le triomphe du principe de l'unité monarchique, principale base de notre avenir et du progrès de nos institutions, ne coûta-t-il pas de larmes à la patrie noyée trente ans dans le sang de ses fils?

Ce qui est nouveau trouve toujours beaucoup de partisans et d'admirateurs. Pour cette raison et celles que j'ai énoncées plus haut, les doctrines protestantes devaient naturellement jeter de profondes racines en France, surtout dans le midi d'où les germes de l'hérésie n'avaient jamais pu être complètement extirpés. Les sophistes, les hommes faibles et les ambitieux embrassèrent avidement une religion qui flattait la raison humaine, excusait la violence des passions, excitait à l'indépendance. Lassés d'entendre prêcher fort mal la morale catholique par des prêtres à aventures, les gens du monde coururent aux sermons des ministres réformés qui commentaient savamment et avec art les principes de la religion évangélique. Mais ce qui aida surtout la propagation de l'hérésie, ce furent les armes dont on se servit pour l'anéantir. Le sang des martyrs du calvinisme multiplia ses adeptes avec une effrayante rapidité. En un mot, les auto-da-fé de l'inquisition, les supplices raffinés inventés par la chambre ardente furent à peu de chose près au progrès du protestantisme ce qu'avaient été pour le christianisme naissant les verges, les croix et les arènes.

Courez sus aux hérétiques — dit le parlement de Paris, et la guerre civile alluma ses torches. On controversa d'abord les armes à la main. Puis la question religieuse se posa en question politique. Les Guises se mirent à la tête des calvinistes; Antoine de Bourbon, roi de Navarre, père de Henri IV, Condé, son frère, et les trois Châtillon se déclarèrent chefs du parti protestant. Dès la fin de 1562, Condé avait décidé le siége de Paris; Dandelot lui amena d'Allemagne un renfort de sept mille Luthériens. En marche sur Orléans et conduit par Dieu lui-même — selon une note du temps — ce corps de troupes traversa le Serain à Chablis ; puis laissant la ville bien défendue sur la droite, il s'empara nuitamment de Saint-Cyr-les-Colons. Les reîtres massacrèrent quarante hommes du bourg et emmenèrent prisonniers les plus notables habitants.

Comme on le voit, des troupes royales tenaient Chablis en garnison quelque temps avant l'assassinat du duc de Guise devant Orléans. Le chapitre de Saint-Martin, souverain dans la commune pendant ces orages civils, fermait les portes de la ville à tout ce qui sentait la réforme. Des agents officiels exerçaient en plein jour la police des consciences. D'autres exposaient, au coin des rues, sur les bornes, sur les portails, de grossières images de la Vierge et des Saints ; et, quiconque ne se serait pas découvert devant ces simulacres improvisés, aurait aussitôt encouru la prompte fureur de la populace ou les tourments dont l'autorité seigneuriale ecclésiastique épouvantait les renégats. Il y a tout lieu de croire que les fabricants de piéges dévots ne firent pas leurs frais. La suite des événements démontre assez combien nos pères furent toujours fervents orthodoxes. Je comprends facilement leur constance. Ils ne se sentaient nulle disposition à faire en ce bas monde leur apprentissage de l'enfer.

L'automne de l'an de grâce 1567 venait de commencer; l'amiral Coligny, *habillé en ménagier*, préparait ses tonneaux, Condé levait des troupes à l'entour de Paris et suscitait la guerre. De nombreuses bandes de Huguenots infestaient nos contrées. Cependant, n'ayant pas reçu des princes l'ordre de prendre l'offensive, elles laissaient les catholiques rentrer assez tranquillement leurs vendanges, qui furent très-abondantes cette année-là. Mais on n'apprit pas plus tôt dans l'Auxerrois la nouvelle de l'attaque de Saint-Denis et des faubourgs de la capitale par l'armée rebelle, que les chefs des troupes protestantes, les capitaines Laborde, Grosménil, Meunier, Raval, Sarrazin, etc., commencèrent les hostilités. La trahison du gouverneur et du lieutenant-général, tout dévoués à Condé et à Coligny, livra la ville d'Auxerre aux calvinistes, dans la nuit du 28 au 29 septembre. Tous les gens d'église abandonnèrent aussitôt la cité épiscopale. Chablis ouvrit ses portes aux fugitifs auxquels les moines de Pontigny offrirent dans leur maison une hospitalité orthodoxe. La plupart des laïques auxerrois suivirent l'exemple de leurs prêtres et se réfugièrent à Seignelay, à Saint-Florentin et à Toucy. Les églises et les communautés pillées, les plus beaux ornements de la religion catholique souillés et jetés aux pieds, les châsses et les autres objets d'orfévrerie artistique brisés et vendus par morceaux, les vases sacrés fondus, les cloches coulées en canons, tous les chefs-d'œuvre d'architecture horriblement mutilés, des vieillards ecclésiastiques outragés dans leur pudeur et promenés dans les rues avec d'ignobles accoutrements ; tels furent les tristes exploits de la domination des Huguenots à Auxerre. Disons dès à présent que les catholiques leur firent de magnifiques représailles.

Dandelot était à Tanlay lorsqu'un messager lui annonça la prise d'Auxerre. Il nomma aussitôt le capitaine Laborde gouverneur de la ville, en même temps il promit des troupes aux autres chefs, pour s'emparer des villes royalistes du Tonnerrois et les réduire toutes à l'obéissance des princes. Malgré la détresse de son parti, l'illustre protestant ne fit que trop honneur à sa parole. Les froids du rigoureux hiver de 1568 se faisaient encore sentir, quand il envoya dans l'Auxerrois plusieurs milliers du Lorrains et de Lansquenets, débris de la bataille de Saint-Denis qui fut gagnée par le roi d'Espagne, a dit le spirituel Vieilleville. Les capitaines se partagèrent ces renforts inattendus et la guerre continua avec fureur.

Les richesses de l'abbaye de Pontigny excitaient

surtout la convoitise de cette soldatesque avide et indisciplinée, chantant, au goût de l'enrôleur, la messe ou les psaumes de Marot. Au mois de février, une nuée de ces pillards sans patrie, sans foi, sans chefs reconnus, fondit sur le riche monastère où reposaient les cendres de saint Edme. Les religieux, qui depuis longtemps redoutaient une attaque subite, avaient heureusement fait transporter les reliques vénérées de leur patron à Saint-Florentin; et, dès que l'approche des Huguenots leur fut signalée, ils sauvèrent leurs personnes et leurs trésors, en remontant le cours de la rivière. Chablis recueillit la communauté errante, chassée par l'épouvante de ses opulentes retraites. Elle alla habiter la maison considérable qu'elle possédait au faubourg Saint-Pierre, entouré de murs, depuis près de vingt ans, par autorisation du roi Henri II. L'arrivée des moines de Pontigny répandit la terreur dans Chablis. Chargés du salut de la commune, les eschevins s'entendirent avec le chapitre et le prévôt royal pour mettre la place en état de défense. On requit tous les hommes en état de porter les armes; et leur nombre pouvait se monter à neuf cents. Comme les autres citadins, les chanoines durent monter la garde sur les remparts. — C'est ainsi que fut appliqué, trois siècles avant les révolutions où il fut lancé pour la première fois, le fameux exergue : *Dieu et Patrie.* — Pour toute artillerie, la commune possédait cinq fauconnaux et un *petouer* ou mortier. Cette pièce qui, habilement dirigée et bien servie, pouvait faire de grands ravages parmi les assiégeants, fut placée à la porte Rabus, entrée de la ville que l'ennemi pouvait attaquer avec le plus d'avantage et de facilité. On éleva deux fauconnaux sur la plate-forme de la porte Noël ou de Saint-Pierre, deux autres en avant du pont; le cinquième fut destiné à la défense de la poterne Lauria. Comme les vignerons du faubourg n'avaient ni artillerie, ni armes à feu, sur la demande des membres de l'eschevinage, le prévôt du chapitre leur permit de se partager les arquebuses et les pistoles déposées dans la salle d'honneur de Saint-Martin et dont les chanoines, armés jusqu'aux dents, n'avaient plus besoin. On fourbissait les vieilles flamberges, on distribuait la poudre, jour et nuit les maréchaux travaillaient à redresser, en larges fers de lance, les *meigles* des vignerons, lorsque les capitaines Sarrazin et Blosset parurent sous les murs de la ville, avec de nombreuses compagnies.

Les chefs calvinistes sommèrent la commune d'ouvrir les portes à l'armée des princes; l'eschevin Cerveau leur répondit par une décharge de mousqueterie qui, tirée hors de portée, n'atteignit pas son but.

Cette bravade demandait une prompte vengeance. Furieuses de tant d'audace, les compagnies s'éloignèrent de la ville et se précipitèrent, les rangs serrés, du côté de Saint-Pierre. Une attaque aussi impétueuse déconcerta les assiégés. Ils résistèrent mollement. Bientôt leurs murs s'écroulent foudroyés. Les Huguenots s'élancent sur la brèche; le faubourg est pris. Au même instant, les éclats d'une joie féroce et les tourbillons de l'incendie apprirent aux défenseurs de la cité le malheureux sort de leurs concitoyens.

Le tour de la ville basse était arrivé : Blosset et Sarrazin en commencèrent le siége dans les règles. Quelques heures suffirent aux chefs protestants pour investir l'enceinte fortifiée et menacer tous les endroits à la fois. Prodigues du sang de leurs hommes, tantôt ils tentent des surprises partielles, tantôt ils creusent des mines au pied des remparts et braquent leurs canons sur les portes de la ville. Déjà depuis trois jours, ils ne cessent de harceler la commune, et ils ne sont pas plus avancés qu'au moment de la première attaque. Étonné d'une semblable résistance, le bouillant Sarrazin décide un assaut général. Ce moyen décisif lui avait réussi pour s'emparer du faubourg. Il dirige donc tous ses soldats vers un seul côté, la poterne Lauria. Les fascines, la terre, les morts, les mourants comblent les fossés. Les échelles se dressent. Les reîtres se cramponnent aux crénaux; les bourgeois se défendent comme de vieilles troupes...

Cependant, la vigoureuse résistance des Chablisiens ne démoralisait pas les fanatiques soudards. Au contraire, l'ardente fureur des assaillants croissait en proportion de leurs pertes. Ils se précipitaient à l'envi sur les échelles, dont souvent les transversales se brisaient sous une montagne de corps. Si un soldat perdait sur les remparts une position avantageuse, dix autres disputaient à la mort l'honneur de le remplacer, vingt bras se levaient pour le venger. Il n'est pas de puissance terrestre qui puisse résister au fanatisme excité par la cupidité, aidé par le courage et l'adresse. La ville fut emportée, et le flot des assiégeants passa sur le ventre de ses défenseurs (*).

Je renonce à peindre la terreur, la confusion qui régnèrent dans Chablis au moment où les vainqueurs se répandirent dans ses rues. Je manquerais de couleurs assez sombres, d'expressions assez douloureuses, je craindrais de donner au lecteur une idée trop imparfaite des malheurs de notre ville, de ne pouvoir épancher toute l'affliction qui déborde mon âme en présence de cette catastrophe. C'est à celui qui tient ce livre ouvert sous ses yeux de se glisser, par la pensée, entre les spectateurs des scènes déchirantes dont

(*) Poëme épique sur la prise de Chablis.

notre cité natale, au pouvoir de brigands stipendiés, fut le théâtre, pendant trois jours et trois nuits, du dimanche 25 au mercredi 28 février 1568. Toutefois, s'il est quelqu'un assez hardi pour se hasarder au milieu du tumulte, je consentirai à le suivre. Mais, que dis-je? déjà je me suis laissé entraîner. Lecteur, je suis avec vous dans la rue. Écoutons, regardons ensemble : la cloche d'alarme sonne encore, les portes de la ville s'abattent et vomissent de nouveaux bataillons, l'incendie du faubourg rougit le ciel, par intervalles le bruit sourd d'un pan de mur qui tombe se mêle aux décharges des mousquets, aux malédictions des mourants, aux gémissements d'une vierge qu'un furieux étouffe avec délire dans ses bras homicides. Suivons ces traces de sang : elles conduisent à Saint-Martin. Les portes du chapitre sont enfoncées, on y massacre les chanoines, le butin s'amoncèle sur le seuil. Le glaive au poing, le casque en tête, le regard insolent, les Huguenots affluent dans l'église. Ils forcent le sanctuaire, ils déchirent de leurs éperons l'hostie sainte, ils répandent sur les dalles les reliques de saint Hispade, le protecteur de la cité. Ils brisent sa magnifique châsse d'argent, et s'en partagent les débris. L'un emporte les vases sacrés, l'autre des ornements d'or et d'argent ; la plupart assouvissent leur rage de destruction sur les statues, les tableaux, les joyaux d'architecture, la tour des cloches. Quelques forcenés s'emparent des croix et des bannières, se revêtent d'étoles et de chasubles, parcourent l'église et les rues environnantes, en vociférant des chansons sacriléges. Mais quel est ce mouvement? Les vaincus sortent de leurs maisons et se précipitent, avec les vainqueurs, du côté de la place publique. Courons, nous arriverons peut-être à temps! Voyez-vous cet homme appuyé sur son épée nue, et qui parle aux eschevins respectueusement découverts devant lui? C'est Sarrazin! Nouveau Brennus, il demande 4000 livres pour épargner à la ville les horreurs d'un embrâsement. Honte et malédiction! Les habitants sont obligés de consentir; ils payent. O Camille, que tu tardes à arriver!

Camille, je veux dire le capitaine catholique de Sansac, vint trop tard pour surprendre les bandes calvinistes. Prévenus de l'approche des troupes royalistes, les protestants s'étaient hâté de quitter la ville, trois jours après l'avoir emportée d'assaut. Blosset et Sarrazin battaient donc en retraite. En passant sous les murs de Courgis, ils sommèrent Sandoch de Boulainvillers, seigneur protestant du bourg, de leur en ouvrir les portes. Ce dernier promit d'obéir, sous la condition que les reîtres respecteraient les personnes et les propriétés des catholiques. Sarrazin avait juré de punir de mort

14

la moindre vexation : ses cohortes entrèrent dans Courgis. Mais à la vue de la magnifique croix de pierre, ornée des figures des douze apôtres, qui s'élevait au centre du bourg, une sainte indignation s'empara des religionnaires. Craignant cependant la colère de leurs chefs s'ils renversaient ce signe de la Rédemption, ils se contentèrent de le mutiler à coups de hache. Les plus avides demandaient avec instance le sac de l'église ; quelques fervents voulaient même faire disparaître tout-à-fait, d'un pays éclairé par les nouvelles révélations, un temple bâti à l'idolâtrie et à la superstition. « Gardez-vous en bien, s'écria le baron du fief, j'en veux faire mes écuries ! » Cette parole nous rappelle l'histoire de Mahomet II, faisant manger l'avoine à son cheval sur l'autel de Sainte-Sophie de Constantinople.

L'impiété de Boulainvilliers sauva la précieuse relique que l'on conservait, depuis quinze ans environ, dans l'église de Courgis. Cette relique consistait en une épine qui, selon la tradition, avait appartenu à la couronne de J.-C. Apportée en grande pompe de la Bresse, en 1535, la sainte épine de Courgis reçut, en 1559, l'approbation juridique et définitive de Gaspard Lamy, vicaire-général et official de l'évêque d'Auxerre, Robert de Lenoncourt. Pendant la vacance qui suivit la mort de François de Dinteville, prédécesseur de Robert de Lenoncourt, le chapitre de la cathédrale d'Auxerre avait déjà député à Courgis, pour examiner et reconnaître l'épine, Jacques de la Halle, docteur official, et le chanoine Jean Sevin, curé de la paroisse. Mais malgré les miracles opérés, dit-on, par le débris sacré de la couronne du Sauveur, Jacques de la Halle avait ordonné qu'en attendant le jugement du futur évêque ce débris serait séquestré, et avait blâmé fortement Jean Sevin de l'avoir exposé, sans le consentement du chapitre. La dépendance du curé de Courgis vis-à-vis de la collégiale d'Auxerre s'explique parce que cette paroisse lui appartint pendant près d'un siècle et fut toujours comprise dans les limites de l'évêché d'Auxerre. La justice du bourg avait ressorti au baillage d'Auxerre jusqu'en 1509, époque où cette juridiction lui fut enlevée par les officiers du siége de Sens. Selon toute apparence, Courgis est le plus ancien village de nos environs. Il ne faisait, dans l'origine, qu'un seul territoire avec le hameau de Cussy, propriété de Saint-Germain, dont les habitants se retirèrent plus tard à Saint-Cyr-les-Colons. Dès le XIIIe siècle, Courgis possédait des seigneurs particuliers ; François 1er avait permis de l'entourer de murs en 1539.

Que le lecteur veuille bien revenir avec moi sur les ruines fumantes de ma patrie. Quel spectacle épouvantable! Le faubourg, naguère si riche et si populeux, n'est plus qu'un amas de décombres d'où jaillissent quelques étincelles, quelques jets d'une fumée noirâtre. On ne retrouve plus la rue des Argentiers, si célèbre dans la contrée. La superbe demeure des moines de l'abbaye de Pontigny s'est abîmée une des premières dans des tourbillons de flammes. Le pressoir n'a pas été épargné. Saint-Pierre et Sainte-Marie-de Charlemagne ont seuls résisté aux torches incendiaires. Les traditions d'un tel désastre ne sont pas effacées de la mémoire des habitants. J'ai entendu, dans mon enfance, un vieillard en parler, d'après ses aïeux, en termes effrayants. « Si l'on en croit nos pères — me disait-il — le faubourg actuel ne formerait pas le quart de l'ancien. » Je partage cette conviction. Selon moi, le bourg de Saint-Pierre, avant la victoire des Huguenots devait s'étendre davantage de l'est à l'ouest que du nord au sud et se trouver circonscrit par une ligne brisée passant par le Petit-Pontigny, le ruisseau de Vauxcharmes, l'église Saint Pierre, l'entrée de la vallée de Boucheran, l'extrémité du Petit-Dieu et la Pyramide. Qu'on examine en effet le sol compris dans ce vaste pentagone irrégulier ; on trouve partout à sa surface des débris de tuiles, de briques et autres matériaux qui ont dû appartenir à d'anciennes constructions ; que l'on creuse à quelques pieds on rencontre des pierres de taille et parfois des morceaux de chêne, conservés par la calcination et qui portent encore l'empreinte de la flamme. Chacun sait qu'on y a découvert des caves, sur lesquelles la charrue avait passé pendant trois siècles ; des puits remplis d'ossements ; des fondations de murailles formant un rectangle parfait où reposaient des squelettes humains, ensevelis sous les ruines ; des cercueils de pierre que l'on a placés dans les jardins pour servir d'auges à arroser, réceptacles de cadavres où, les soirs d'été, l'on fait souvent rafraîchir des fleurs fanées par le soleil de midi.

Lorsque le capitaine de Sansac arriva à Chablis, Sarrazin en était sorti depuis deux jours. Le chef catholique quitta aussitôt, pour suivre les traces des troupes protestantes, une ville plongée dans le deuil et la désolation et où à peine il put trouver quelques vivres pour ses soldats. La paix de Longjumeau, conclue le 2 mars 1568, entre le parti calviniste et la cour de France, donna enfin aux habitants de Chablis l'espoir du calme et de la tranquillité. Ils ne savaient pas, les infortunés, qu'à cette époque de guerre civile et de politique machiavélique, on faisait la paix pour ménager une nouvelle guerre ou préparer d'horribles assassinats.

Dans le dessein prémédité de tirer un jour parti

de notre faiblesse, les cours des deux péninsules, au point de vue politique, ne redoutaient rien tant que le rétablissement en France du calme et de l'ordre public. Elles employaient donc toutes les ressources occultes de leur diplomatie pour exciter les factions, attiser le volcan sur lequel se consumait notre nationalité. Ce furent des Italiens — Dieu veille sur l'honneur français — qui inspirèrent à la reine-mère l'exécrable idée d'un massacre général, régulier, officiel, de tous les protestants du royaume. L'extermination des hérétiques, atrocement dissimulée, commença au milieu des fêtes du mariage du jeune roi de Navarre avec la reine Margot. Quelle nuit de noces pour Henri IV que celle du 24 août 1572 ! Le sang ruisselle dans Paris ; soixante mille français périssent sous le fer des Français :

> . . . . . . on n'épargne personne ;
> C'est Dieu, c'est Médicis, c'est le Roi qui l'ordonne.

—Le fanatisme applaudit à la boucherie ; la plupart des gouverneurs des provinces imitèrent les égorgeurs de la capitale. Bossuet a stigmatisé les massacres de la Saint-Barthélemy, en disant qu'ils laissèrent dans les masses une horreur que tous les siècles ne pourront effacer. On redouterait aujourd'hui d'ouvrir le volume de l'histoire de France à cette page sanglante, si, non loin des noms des Charles IX, des Catherine, des Besme, des Maurevel, on n'y lisait ceux du baron d'Orthe, de Thomasseau, de Chabot-Charny, de l'évêque Jean Hennuyer, vrais serviteurs de la religion et de la monarchie, qui, avant d'obéir à des ordres infâmes, consultèrent d'abord leur cœur et l'humanité.

Charles IX succomba à une horrible maladie, le 20 mai 1574. La mort de ce monarque parut montrer que la colère céleste vengeait sur lui, dès ce bas-monde, les victimes du 24 août. Le duc d'Anjou, roi de Pologne, succéda à son frère sur le trône de France, sous le nom de Henri III. Une couronne teinte de sang, posée sur le front du vainqueur de Jarnac, ternit bientôt sa gloire militaire. Être fils de Médicis, succéder à Charles IX, ce fut presque un crime pour Henri III, aux yeux de la multitude, qui le méprisa dès qu'elle connut la bassesse de son âme, la dépravation de ses mœurs et la médiocrité de son intelligence. Il y avait à peine trois ans que ce monarque avait été sacré à Reims, quand, par des lettres patentes, il permit aux habitants du faubourg Saint-Pierre de Chablis de relever leurs murs abattus par les Huguenots. Sur ces entrefaites, la ville basse reçut une garnison royale. Le prévôt de la couronne avait réclamé ce renfort pour protéger, contre les compagnies calvinistes de la Basse-Bourgogne, la reconstruction du faubourg et les abords de la cité. Malgré la misère publique, les citoyens durent entretenir et avitailler ces troupes. La commune pourvut à leur solde. Les ressources de la ville ne produisaient alors que 3,600 livres qu'absorbaient les dépenses ordinaires. Pour remplir les charges nouvelles, les eschevins contractèrent un emprunt de 400 livres. Bientôt le plus grand désordre régna aux finances. Réduits aux expédients, les officiers municipaux donnèrent leur démission. Les habitants firent chorus. Le mal grandissait; le chevalier Louis de Vaillant, grand prévôt de Saint-Martin, l'un des plus galants seigneurs de Champagne, trouva un prompt remède. Il imagina d'équilibrer le budget de la commune, en faisant dresser un inventaire des biens que les habitants s'étaient partagés à la fin du XVIe siècle, et de ceux que le roi leur avait donnés en 1571, pour en employer les revenus à l'extinction de toutes les dettes et à la réparation des moindres dommages causés par la guerre. Utile à la généralité, un tel projet heurtait bien des intérêts privés; cependant, Louis de Vaillant n'hésita pas à le mettre à exécution. Ce même prévôt, dans la crainte qu'un jour la collégiale ne fût troublée dans la jouissance des droits qu'elle conservait à Chablis, se fit donner, en 1576, à la Chancellerie, des parchemins par lesquels Henri III reconnut et publia que, dans la ville de Chablis, appartenaient à Saint-Martin : le domaine et le fief ecclésiastiques, le cens et la rente des maisons prévôtales, la dîme, le bourlage, le revenu des tailles et la chair des chapons et gelinottes, seuls droits et prérogatives que l'administration cléricale avait pu défendre contre les envahissements des eschevins et des officiers royaux.

Et la guerre continuait dans l'Auxerrois. Le château de Regennes attaqué par les calvinistes, implora le secours des habitants de Chablis. Les citoyens se disposaient à prendre les armes quand ils apprirent la capitulation de la forteresse. Les hostilités se prolongèrent encore quelques mois; enfin on signa la paix de Etigny-près-Sens.

Les priviléges et les garanties que ce traité accorda au protestantisme irritèrent les intolérants. Dès lors, ils vouèrent à Henri III et à sa famille une haine furieuse et implacable. Ils ne virent plus dans les Valois et les Bourbons que des indignes descendants de l'usurpateur Hugues Capet. Assassiner le duc d'Alençon et le roi de Navarre, élever au trône sanglant de Philippe-Auguste, les Guises, descendants de Charlemagne, telle fut l'odieuse pensée qui surgit dans le cœur de tous les héros de la Saint-Barthélemy. Le parti Guisard cacha ses desseins sous le manteau de la religion. Il s'annonça comme le défenseur du vrai dogme et appela tous les fidèles catholiques à se *liguer* entre eux contre les hérétiques. Les communes du Nord signèrent en masse l'acte d'union. Sous l'influence du chapitre, la ville de Chablis envoya son adhésion au mois de juin 1578.

Passons sur les malheurs dont enveloppa la patrie cette ligue anti-nationale, soutenue au dedans et au dehors par tous les ennemis de la race de François Ier. De tout ce que nous ont transmis les chroniqueurs sur cette période fatale de nos guerres civiles, rapportons seulement ce qui a exclusivement trait à l'histoire de Chablis. Cette ville, toute dévouée à la maison de Lorraine, ferma, en 1589, ses portes à son évêque diocésain, Monseigneur de Langres, membre du conseil du roi et député aux états de Blois, parce que ce prélat ne s'était pas prononcé assez hautement contre l'assassinat du duc de Guise. Et, lorsque le dernier des Valois périt sous le couteau du moine Jacques Clément, les notables de la cité et du faubourg acclamèrent roi de France, sous le nom de Charles X, le vieux cardinal de Bourbon. Les chefs de la ligue avaient élevé sur le pavois ce fantôme monarchique pour habituer les Français à se passer de roi légitime.

Henri III reçut le coup de la mort le 1er août 1589;

au mois de mai 1594, Chablis n'avait pas encore reconnu Henri IV. Les vœux de la province se tournaient cependant vers ce roi populaire, le type du caractère français, l'idole de son armée, l'espoir de ses sujets. Mais, bien qu'ils eussent appris son abjuration et l'entrée triomphale dans Paris du vainqueur de Mayenne, à l'exemple du clergé auxerrois, les chanoines de Saint-Martin s'obstinèrent à tenir pour les Princes. Depuis longtemps, le curé avait cessé, pendant le prône, de recommander une majesté quelconque aux prières des fidèles. Le prévôt emprisonnait comme hérétique tout manant soupçonné de royalisme. Le chapitre s'était acquis une telle réputation de ligueur dans la contrée que lorsque Henri-le-Clerc et Jean Naudet, avocat du roi à Auxerre, ancien député aux états de Blois, voulurent forcer Jean Menigaud, prieur des Jacobins, docteur-ès-lois, à prêter serment à Henri IV, ce religieux se retira à Saint-Martin de Chablis avec le sous-prieur et un autre moine. La populace auxerroise avait poursuivi Jean Menigaud de ses huées jusque à la porte Rabus. Les Chablisiens virent d'un mauvais œil cet ardent partisan de la ligue se réfugier dans leurs murs. Le lendemain de son arrivée, il gela très-fort. Aussi, les vignerons ne manquèrent pas d'attribuer la perte de leurs récoltes à la révolte obstinée de Saint-Martin et à la présence du prieur des Jacobins à la collégiale. L'eschevinage fit des remontrances. Le mécontentement du peuple menaçait d'éclater. Au mois de juillet 1594, le grand prévôt, craignant une esclandre, envoya des lettres de soumission à Henri IV.

Henri IV de Bourbon, prince de Béarn, roi de France et de Navarre, descendait en ligne directe de Robert de Clermont, sixième fils de saint Louis. Antoine de Bourbon, son père, était cousin de Henri III, au vingt-et-unième degré. Sa mère Jeanne d'Albret, princesse héroïque, accoucha en chantant, ne voulant pas faire — disait-elle — une fille pleureuse ou un garçon rechigné. Élevé avec les petits pâtres des montagnes, le futur héritier de la première monarchie du monde fit ses premières armes sous l'amiral Coligny. Il prit pour modèle cet illustre vieillard et le valeureux prince de Condé, assassiné à Jarnac. En 1589, roi sans royaume, guerrier sans soldats, Henri IV régna sur la France, en 1594, à force de courage et de magnanimité. Ses grandes qualités lui acquirent l'amour du plus grand nombre de ses sujets. Sa mort, écrivait Louis XVIII à Mme de C...., fut un malheur de famille. On peut dire, sans parodie :

>   Ce n'est que lorsqu'il expira
>   Que le peuple qui l'enterra
>   Pleura.

Celui qui n'assista pas à ses funérailles le regrette encore. En conquérant le trône avec l'aide de la nation, il sauva le pays de l'anarchie, il le délivra à jamais d'un étroit esprit d'opposition et anéantit toutes les tendances des grands vers le pouvoir disséminé, vers la féodalité. Son opiniâtreté à ne vouloir dans la France unitaire qu'un peuple et un souverain, causa sa mort ; on n'en doute plus maintenant. Le sang du bon roi est retombé sur les classes privilégiées dont les chefs aiguisèrent le poignard de Ravaillac. Richelieu commença cette grande œuvre d'expiation ; qui l'acheva ? La nuit du 4 août 1789 !...

CHAPITRE VI.

La Monarchie absolue. — La Révolution française. — Période contemporaine.

> Nous formons une nouvelle époque :
> Il ne faut nous souvenir dans le passé
> que du bien, et oublier le mal.
> NAPOLÉON.

L'histoire communale au point de vue moderne. — Les corps officiels de Chablis au XVIIe siècle. — Contestations des deux prévôts. — Droit de chasse et de pêche possédé par les habitants — Administration civile de la commune sous Louis XIII. — La milice bourgeoise. — Le prince de Condé engagiste du fief, 1644. — Legs de Claude Girault. — La messe *couppetée*. — Ordonnance de 1694. Abolition du système électif appliqué à l'élection des eschevins et des officiers de la milice. Création d'un maire royal à Chablis. Luttes des autorités locales. — Saint-Martin de Chablis et Pontigny. — Le chevalier de Chessimont, seigneur engagiste du fief. — Procès entre l'engagiste et Saint-Martin. — Rétablissement momentané des municipalités électives. — Le bureau de ville — Chablis à l'avénement de la Révolution. — Adresse de la commune au ministre Necker. — Organisation du conseil municipal, du conseil général et de la garde nationale. — Fête du 14 juillet 1790. — 91, 92 et 93. — Lettre du conventionnel Boileau au conseil général sur la mort de Louis XVI. — Un épisode de la Terreur. — Le représentant Maure. — La commune sous le Directoire, le Consulat, l'Empire et la Restauration. — Maires de Chablis depuis 1830. — Hier et aujourd'hui.

Depuis le règne de Henri IV jusqu'à nos jours, Chablis — comme la plupart des autres communes —

n'a plus qu'une histoire administrative. Soumise aux règlements uniformes du pays, notre cité ne suscite plus les faits, elle les souffre. Elle ne joue plus un rôle dans les événements les plus secondaires, elle leur sert de théâtre. Loin de s'appartenir à elle-même, de relever exclusivement des autorités locales, de se gouverner d'après ses propres codes, à peine si on la compte pour un atôme de ce grand corps qui forme l'*État*; placée sous l'action multiple du gouvernement, elle obéit, comme un rouage inerte, et dont les tours sont réglés, à ce moteur puissant qu'on appelle mystiquement la *Loi*. Dans le Chablis moderne on recherche en vain l'ombre de cette ville remuante qui, au moyen-âge, châtiait la féodalité avec la verge populaire, qui tour à tour faisait la guerre pour les rois ou refusait de les reconnaître. L'absolutisme a coupé les jarrets du cheval de Saint-Martin et le *châble* de nos aïeux. Le même coup de glaive a blessé au cœur la collégiale et la commune. La première est morte en 89, l'autre, depuis cette époque, est retombée en enfance. Le temps n'est plus où l'autorité municipale demandait raison de ses droits aux têtes couronnées et défendait la ville assiégée, arborait son drapeau haut et ferme, prenait l'initiative des mesures de salut public; — l'autorité municipale ne fonctionne aujourd'hui que comme agent consenti, intermédiaire composé entre les citoyens et l'administration préfectorale qui, par le canal de la bureaucratie, est le juge souverain des limites de la puissance, de la valeur et de l'opportunité des actes de nos modernes eschevins. Ne proférons aucun regret. Si la ville a perdu son indépendance, les citoyens l'ont acquise avec l'égalité. En même temps qu'elle nous a affranchi du pouvoir absolu et irresponsable, de la religion d'État, du clergé aristocratique et propriétaire, de la noblesse de race, des impôts arbitraires, du droit des privilégiés aux charges publiques et aux grades de l'armée, des partages inégaux, du monopole du commerce, de l'industrie hiérarchique et de tous les autres abus, la centralisation non plus politique comme sous l'ancien régime, mais simplement administrative, nous assure la paix intérieure, nous préserve des luttes de partis, des querelles particulières entre les villes, des factions de clocher et surtout contrôle, au profit de l'intérêt général et de la liberté, les moindres actions des dépositaires de l'autorité. Non ! personne n'a le droit de s'élever contre l'ordre de choses actuel basé sur les grands principes de la Révolution. Insensé celui qui pleure sur la tombe du passé. L'historien peut mener le deuil de la vieille société, prononcer même son oraison funèbre, mais s'il profere des regrets il se déclare l'ennemi du progrès et du bien public.

C'est sous l'influence de cette pensée et de ses corollaires que je vais tracer rapidement les annales de mon pays depuis deux siècles.

Vers la fin du règne de Louis XIII, tels étaient les dignitaires et agents des trois corps officiels de la ville de Chablis :

RELIGION.

Le doyen du chapitre de la noble et insigne Église de Saint-Martin de Tours. — le Trésorier. — Les chanoines. — Le chantre. — Le sous-chantre. — Le lecteur.

Le curé de Saint-Pierre, desservant la paroisse de Chablis. — Le vicaire ordonné chantre. — Les diacres. — Les marguilliers.

Le chapelain de la chapelle du Saint-Rosaire de Ste-Marie de Charlemagne. — L'aumônier de l'hospice.

Le prieur du monastère de Saint-Cosme. — Le sous-prieur. — Le procureur et les religieux. — Le prébendé de Pontigny (*).

JUSTICE.

Le grand-prévôt de Saint-Martin. — Le prévôt royal.

(*) Pontigny entretint de tout temps à Chablis un prêtre prébendé chargé de régir les biens de l'abbaye. L'un de ces intendants ecclésiastiques se fit bâtir, au milieu des champs, entre la propriété des moines et la rivière, un oratoire où il disait la messe tous les matins, au lever du soleil. Ce prêtre laissa son nom de Reugny au territoire qui entourait sa chapelle.

Le juge Alternatif entre Saint-Martin et le roi et le greffier de l'Alternatif.

Le procureur fiscal.

Le tabellion de Saint-Martin et le notaire royal.

Le crieur public, geôlier de la prison et exécuteur des hautes-œuvres.

ADMINISTRATION.

Le grand prévôt de Saint-Martin.

Le prévôt royal.

Le procureur du roi.

Les eschevins municipaux. — Le greffier de la commune.

Le percepteur des tailles et des droits seigneuriaux et l'eschevin receveur de la commune.

Les bourgeois administrateurs de l'hospice.

Les gardes messiers.

Les jaugeurs.

L'arpenteur de la commune.

Les deux prévôts de Chablis conservaient respectivement les mêmes droits et les mêmes attributions qu'au temps où Charles V acheta la succession de Marie de Chastelvilain. L'Alternatif rendait toujours la justice au nom du roi et de Saint-Martin. Bien souvent le prévôt royal lui contesta cette prérogative. Un arrêt du parlement du 18 mai 1626 donna raison à l'Alternatif, en décidant, sur la requête de l'avocat général Talon, que la justice, à Chablis, serait rendue, par le juge en exercice,*au nom du Roi et du grand Prévôt*, et que les sentences l'annonceraient dans leur intitulé. Un autre arrêt, du 12 septembre 1630, ordonna que le notaire royal et le tabellion de Saint-Martin placeraient, en tête des grosses des actes, le nom du prévôt en exercice. — Le juge de Saint-Martin prononçait seul sur les délits de chasse et de pêche. Mais cette juridiction était presque nulle. Les habitants de Chablis ne pouvaient contrevenir aux édits sur la police de la chasse ou de la pêche que pendant le temps de la reproduction du gibier et du poisson; car, en toute autre saison, *yceux joysscoient du droict de chasser à cor et à cry à toutes bestes, par toute la justice et terroir du lieu de Chablyes et de pescher à tous les filets et engins, en la rivière de Senin, fors et excepté entre les deux moulins.* J'emprunte cette citation à un jugement du 26 avril 1457, publié par le grand Enquêteur des eaux et forêts de France, de Champagne et de Brie, d'après l'avis du lieutenant et procureur du roi de la maîtrise d'Auxerre qui s'était fait représenter le titre de 1262, par lequel Saint-Martin avait accordé à perpétuité à ses hommes le droit de chasse et de pêche. Ce jugement du 26 avril 1457 fut confirmé le 12 novembre 1554, par des lettres Réaux de Henri II. Le 11 août 1580, les habitants de Chablis déclarèrent par devant le Réformateur des eaux et forêts que, *de temps immémorial, ils chassoient sur tout leur finage, peschoient à tous engins dans la rivière du Serein, excepté dans la portion laquelle on nomme vulgairement la rivière du ban que le grand prévôt et le chapitre de Saint-Martin-de-Tours tiennent en défense.* Louis XIV délivra acte de cette déclaration en 1671. Quelque temps après, les eschevins *admodièrent la pescherie et venerie de Chablies pour solder les créanciers de la ville.*

Le prévôt royal et le procureur du roi dont l'office fut créé par Henri IV, remplissaient à Chablis les fonctions de maire. Ils mettaient la municipalité en demeure de s'occuper de certaines affaires, offraient les présents de ville au gouverneur de la province, faisaient battre le tambour, assemblaient la milice bourgeoise, ordonnaient les réjouissances et les illuminations, allumaient les feux de joie, marchaient à la tête des eschevins dans les processions et les cérémonies publiques.

Les eschevins géraient les affaires de la commune, répartissaient la taille et votaient les sols additionnels. Ces magistrats, seuls représentants de la cité, recevaient, tous les deux ans, leurs mandats municipaux, de la libre volonté des habitants. On procédait à l'élection des membres de l'eschevinage, le jour de Saint-Martin, après la messe patronale, dans l'auditoire de justice. Les électeurs devaient être mariés ou âgés de trente ans, payer une cote de taille et jurer entre les mains du prévôt, président de l'assemblée, de voter en bonne religion. Le greffier de la commune et le notaire royal recevaient la confidence du choix des gens du peuple qui ne savaient écrire. Les citoyens lettrés, la tête nue, la main droite posée sur le cœur, déposaient leurs bulletins dans une bourse bénite placée sur le bureau. Les scrutateurs se nommaient par acclamation. L'élection du capitaine et du sergent de la milice bourgeoise suivait ordinairement celle des eschevins. Les miliciens, au nombre de vingt-cinq, non compris l'officier, le bas-officier, le tambour et le fifre, montaient la garde aux portes de la ville, à la réquisition du prévôt royal; escortaient le Saint-Sacrement pendant les processions; assistaient aux *Te Deum*, et tiraient les boîtes la veille des grandes fêtes religieuses ou civiles. Au corps municipal appartenait le choix des membres du bureau de direction de l'Hôtel-Dieu, que présidait de droit l'Alternatif et dont le curé rédigeait les délibérations.

Pendant la minorité de Louis XIII, la commune avait affermé les priviléges seigneuriaux que le roi avait acquis de la maison de Noyers, en 1367. Un jour le trésorier inspecteur des domaines de la couronne descendit à la prévôté ; et, étonné du faible revenu que la seigneurie rapportait à la cassette du roi, il déclara que les droits et privilèges de S. M., à Chablis, ne tarderaient pas à être aliénés. L'événement justifia les paroles du trésorier. Au mois d'avril 1641, de Chavigny, sous-secretaire d'État, procéda, dans une des salles du Louvre, à l'adjudication du domaine du roi à Chablis. Jean le Tors, juge de Saint-Martin, accepté adjudicataire, moyennant 700 livres en principal et 70 livres pour le dixième, fit sa déclaration, le 7 janvier 1642, en faveur de M. de Condé. Ce haut et puissant prince remit 1630 livres à Jean le Tors, à titre de commission et d'indemnité, et à ce prix devint demi-justicier de Chablis, demi-fermier du minage, et propriétaire du hallage, rouage et étallage. Le nouveau seigneur réclama en outre *le produit des défauts, amendes et autres revenus, tant en deniers ordinaires cens, rentes que casuels.* Il se réserva aussi le droit de présenter au roi un candidat à chaque vacance de l'office de la prévôté.

Le jour de l'investiture du domaine de Chablis à S. A. R., Mgr. Henri de Bourbon, grande liesse parmi les habitants : Dans ce temps là, c'était un honneur peu commun que d'être vendu à un prince du sang.

Les leçons du maître d'école nommé par le chapitre donnaient alors de médiocres résultats : les parents se plaignaient. Dans la généreuse pensée de procurer à la commune de meilleurs moyens d'instruction, un digne bourgeois, de populaire mémoire, Claude Girault, lui légua une somme de 3000 livres, destinée à fonder en titre un chapelain qui serait chargé d'enseigner la jeunesse, à la condition, par les habitants, d'élever une chapelle à saint Nicolas, où le prêtre en exercice dirait la messe pour le repos de l'âme du testateur. L'assemblée générale trouva le legs trop onéreux, et le refusa temporairement; je dirai plus tard comment il fut employé.

L'exemple de désintéressement de Claude Girault rencontra des imitateurs. Vers l'an 1660, Jean Niard, Gervais Tambuteaux, François Bachelier, bourgeois, et Marguerite Martin, ménagère, donnèrent à perpétuité des biens qu'ils possédaient sur les finages de Chablis, Cussy, Champignelles et Châtillon-sur-Seine, dont le revenu foncier s'estimait 700 livres, à l'église collégiale de Saint-Martin, à l'effet de fonder, pendant toute l'année, les dimanches exceptés, une messe basse de l'aurore, à laquelle tous les habitants seraient tenus d'assister avant de vaquer à leurs travaux. L'acte-minute de cette donation, passé à Chichées, pardevant Esté, notaire royal, fut soumis à l'approbation du pape et déposé ensuite aux archives du parlement. Dans l'origine, on tintait la cloche du chapitre pour annoncer la messe de l'aurore : de là le nom de messe *couppetée*, donné à cet office par les vignerons, dans leur langage un peu trop physiquement figuré. L'usage a depuis consacré cette dénomination ; je l'emploierai donc sans répugnance. — Aux termes d'une ordonnance officielle du prévôt royal de Chablis, du 10 mai 1691, rendue sur les conclusions de M. le grand prévôt et du chapitre de Saint-Martin, on célébrait la messe couppetée tous les jours ouvrables, depuis la Toussaint jusqu'à la Chandeleur, à cinq heures du matin; depuis la Chandeleur jusqu'à Pâques, à quatre heures, depuis Pâques jusqu'à la Saint-Jean à trois heures ; depuis la Saint-Jean jusqu'après vendange aux heures fixées par M. le curé au prône du dimanche. Les prières se disaient à voix basse : on ne chantait au lutrin que le *Corpus Meum* à l'élévation ; le *Domine non secundum* au *Domine non sum dignus* et le *Veni Creator* après l'*Ite missa*. — La même ordonnance de 1691 contenait encore *in extenso* les dispositions suivantes : « Au sortir de l'église, les artisans, vignerons ou laboureurs travaillant pour eux se rendront à leurs occupations. Les journaliers s'assembleront tous, savoir : ceux de la ville devant la maison commune, les étrangers au milieu de la place publique, où ils devront attendre les patrons. Chaque matin, le sergent de ville règlera le prix de la journée de travail, qui, en hiver, se prolongera jusqu'à six heures du soir et, en été, jusqu'à sept. Les vignerons ne pourront porter de hotteraux que du consentement des maistres. Il est défendu de déranger les paisseaux et échalas, et d'en emporter, sous peine d'une amende de 24 livres, qui sera partagée par moitié entre le dénonciateur et le roi. Les sieurs de la corporation des bouchers ne pourront faire paître à leurs bergers que vingt-cinq moutons ; s'ils en possèdent un plus grand nombre, ils devront en confier la garde au berger du troupeau prévôtal et bannal. »

L'ordonnance que je viens de rapporter, signée : *de Bervillon*, prévôt, et, par autorisation des eschevins, *Jacques Quartier*, greffier de la commune, fut le dernier acte de la municipalité élective de Chablis. L'édit de 1692, rendu en conseil du roi, supprima nos magistrats populaires. Louis-le-Grand avait imaginé de prendre l'argent pour mesure du mérite des hommes et de leur capacité à occuper les charges civiques. Le fisc mit aux enchères l'administration de la commune et le commandement de la garde bourgeoise. Au prix de quelques sacs d'écus, versés dans les coffres vides de la gabelle, un maire royal et des eschevins vénaux vinrent prendre, à l'hôtel de ville, la place des élus du peuple. L'ancien capitaine de la milice refusa de payer ses fonctions, et il s'en démit aussitôt. Personne ne se trouva pour acheter son épée. On proposa aux soldats de leur vendre le droit d'élire un chef. Ils s'indignèrent de cette offre honteuse; et, dès ce moment, la garde urbaine fut tout-à-fait désorganisée.

Rien n'était facile comme de créer un maire royal à Chablis, voire même de lui accorder le titre de gouverneur de la ville en échange d'un supplément de finance. Mais l'intendant de la province se trouva très-embarrassé lorsqu'il lui fallut déterminer la limite des fonctions du nouveau magistrat. Le procureur et le prévôt du roi qui, de temps immémorial, gouvernaient la commune avec les eschevins, ne paraissaient nullement disposés à céder la moindre de leurs prérogatives. Le grand prévôt de Saint-Martin se montrait de plus en plus jaloux de son titre de grand protecteur de la ville. Cependant, tout s'arrangea, à force de négociations, d'ordres et de prières, de caresses et de menaces. Chacun obtint une petite part d'autorité. Mais ce morcellement des pouvoirs locaux, en même temps qu'il provoqua des haines et des rivalités entre les fonctionnaires, produisit, parmi le peuple et les agents subalternes, une telle confusion des attributions, que personne ne sut plus à qui s'adresser pour les affaires ni à qui obéir. — Le 27 août 1693, le maire convoqua l'assemblée générale des habitants, afin de délibérer sur les moyens de satisfaire à la taxe imposée aux propriétaires, pour obtenir la confirmation royale de la possession de leurs héritages en *franc alleu*. Quelques années après, S. M. T. C. demanda aux communes de l'indemniser des sacrifices qu'elle avait faits pour soutenir la guerre en faveur de sa Majesté Britannique contre Guillaume d'Orange. Les habitants devaient donc être réunis pour répartir entre eux une taille extraordinaire. Mais voilà que le prévôt conteste au maire le droit de faire battre le rappel et défend au tambour de sortir de chez lui. Le maire défié entre dans l'église, fait sonner les cloches à toute volée ; les citoyens accourent, le maire préside l'assemblée. L'opposition du prévôt avait été méconnue ; ce dernier en appela à l'intendant. Une ordonnance du 17 septembre 1697 trancha la question de compétence. Le conseil royal d'administration décida que le maire convoquerait et présiderait seul les assemblées générales où le prévôt ne serait appelé que comme notable.

La lutte administrative du maire et du prévôt continua longtemps encore et partagea la ville en deux camps opposés. On ne peut que regretter l'immixtion du peuple dans ces conflits d'agents-commissionnés par leurs écus et sous la seule influence de l'intérêt ou de la vanité. Que j'aimerais mieux voir nos pères, témoins de tous ces infimes démêlés, s'envelopper de la majesté de leur dédain que se déchirer les uns les autres, pour décider qui, du maire royal ou du prévôt, nommerait les gardes-messiers, commanderait au tambour de ville ou aux balayeurs du marché. A son plus grand honneur, Saint-Martin demeurait spectateur impassible de cette âpre curée de prérogatives ridicules. Dans un siècle où le souverain intronisait le scandale, où le poison du philosophisme s'infiltrait jusqu'au cœur de l'Église, où la société s'embourbait dans un matérialisme dissolu, Saint-Martin, riche et indépendant, vivait en anachorète et rappelait à tout le diocèse qu'il existait des vertus chrétiennes. Un exemple aussi édifiant était perdu pour les fidèles : tandis que, dans la ville basse, le chapitre s'acquittait des plus austères pratiques de la religion, Pontigny donnait bals dans la ville haute et installait dans ses salons le personnel de l'Opéra. Tel était l'état de Chablis, lorsqu'un jeune ambitieux vint jeter dans sa ville natale de nouveaux ferments de discorde.

Issu d'une honnête famille de vignerons qui avait occupé les premières charges du pays, Jean-Louis-Charles Chamon dit de Chessimont fit fortune aux îles en quelques années. Dans la fleur de l'âge, doué d'une taille avantageuse, d'une noble figure, aimable courtisan, danseur élégant et cavalier parfait. Par cien planteur d'Amérique sut se faire remarquer à la cour de Louis XV. La marquise de Pompadour, qui aimait fort les jolis hommes, le nomma son chevalier et l'éleva au grade de capitaine-lieutenant des fauconneries du roi. Il résidait au château de Versailles, lorsqu'il décida Mademoiselle de Charolais à lui vendre 1200 louis, le domaine de la maison de Condé à Chablis. Quelques jours après la conclusion du marché, le nouvel engagiste entra dans la ville en triomphateur. Seulement propriétaire des droits et priviléges adjugés à Monsieur le Prince en 1641, si Chamon de Chessimont ne se crut pas transporté au temps d'Anserik de Mont-Réal, du moins il le persuada à tout le monde. Il se qualifia de haut et puissant seigneur, empêcha de chasser et de pêcher dans tout le territoire *de sa terre* de Chablis, nomma le Tors, son beau-frère, procureur du roi, Soyer, son garçon de chambre, greffier de l'alternatif, et fit rosser par ses valets, les paysans qui se moquaient de *ses édits* ou s'égayaient aux dépens de sa vanité. De Chessimont forgeait une arme contre Saint-Martin ; bientôt il la lança toute rouge à son rival. Un arrêté privé de l'engagiste méconnut la seigneurie directe de Saint-Martin, défendit au prévôt royal de rendre la justice au nom du grand prévôt, aux huissiers ecclésiastiques d'exécuter les sentences, il brisa le sceau commun et abattit la prison de la tour royale. Un tel excès d'audace stupéfia la collégiale. Elle se ligua avec les habitants contre l'ennemi commun. La municipalité délégua l'eschevin Rathier, le chapitre son doyen, pour demander secours et protection à S. M.. Le roi renvoya l'affaire à son parlement. Mis en demeure de prouver ses droits, Chamon de Chessimont compila tous les anciens titres de Chablis, les agença et les commenta selon les besoins et l'utilité de sa cause, et en fabriqua pour l'envoyer au premier président, un mémoire paradoxal, dont la péroraison était un chef-d'œuvre d'adresse, de flatterie et d'illogisme. M⁶ Bocquet de Chanterenne, avocat de la collégiale et de la commune, retorqua contre le sieur Chamon les arguments de son mémoire et vainquit l'engagiste avec ses propres plans d'attaque. Toutefois le procès dura douze ans. En vain, dans l'origine, Madame de Pompadour prêta à son chevalier l'appui de cette belle main que baisait toute la cour et la moitié de l'Europe; le favori de la maîtresse royale fut débouté de toutes ses prétentions. Justice fut faite aux habitants de Chablis qui conservèrent leurs anciens droits, à Saint-Martin qui vit reconnaître sa prépondérance par le premier corps de l'État. Mais les frais de la procédure, les 24,000 livres de dommages-intérêts qu'il donna au chapitre et à la commune ruinèrent presque le superbe engagiste. Il fut obligé de vendre son domaine de Chablis à M. de Villiers. M. de Virieu, fils de M. de Villiers, le céda ensuite à M. de la Marche. S. A. R. Mgr le prince de Conti le possédait, lorsque la révolution éclata.

Peu de temps après la promulgation de l'arrêt qui condamna M. Chamon de Chessimont, le doyen de la collégiale lut en chaire des lettres de Louis XV qui cassaient l'ancienne municipalité, alors présidée par M. Boucher, et autorisaient une assemblée générale des citoyens, à l'effet d'élire douze notables chargés de désigner ensuite deux eschevins municipaux. En exécution des édits, le dimanche suivant, les électeurs se réunirent aux cris répétés de *Vive le Roi! Vive la Commune!* M. Louis Bordes, juge alternatif, présida le scrutin. La majorité des suffrages se porta sur MM. Jean Luyt, Laurent Foulley, Jean Droin, Edme Pargat, Coquille, de Chéron, Epain Pargat, Feuillebois, Poullain, le Thomassin, Hélie et Rathier. Les notables choisirent dans leur sein MM. Luyt, avocat en parlement, et Coquille, bourgeois, pour remplir les fonctions d'eschevins. Le roi nomma M. Jean-François Feuillebois, maire perpétuel.

Quelques actes de vigueur et le rétablissement du système électif appliqué au choix des magistrats municipaux, avaient presque rendu la popularité au gouvernement abâtardi de Louis XV. Mais six ans plus tard, un immense cri d'indignation s'éleva dans toute la France. Par l'ordonnance de 1771, la couronne spécula de nouveau sur les dignités communales. Encore une fois les cités passèrent sous le joug de la vénalité. Mais ce fut leur dernière humiliation.

M. Pierre Grisard traita de l'office de maire de Chablis; MM. Luyt de Saint-Hilaire, avocat, notaire royal, et le Thomassin, de ceux d'eschevins. Le Fosseyeux demeura trésorier-receveur. Henri Gois paya 1200 livres sa plume de secrétaire du *bureau de ville.* On avait effacé du dictionnaire administratif le substantif *municipalité.* Ce seul mot rappelait de vieilles libertés.

Cependant l'arbre monarchique s'ébranlait sous les coups de la philosophie. Ce vieux tronc, dont le régent et Louis XV avaient corrompu la sève, menaçait chaque jour de s'abattre; et sa chute sur le sol de la nation devait être terrible, désastreuse. Contemplez votre ouvrage, Montaigne, Amyot, Charron, Bodin, la Boëtie, Montesquieu, vous qui avez lancé les premiers la coignée contre sa racine ! Réjouissez-vous Voltaire, Diderot, Rousseau, Beaumarchais ! Un trône de quatorze siècles chancèle sur le levier auquel vos ouvrages servent de point d'appui. Mais quel est ce jeune roi qui vient de saisir le sceptre de

Louis XIV ? Il sourit comme l'espérance. Le pays le salue avec enthousiasme. Le sort de la patrie repose en sa main. Ne le nommons pas encore à présent : c'est le martyre qui doit inaugurer sur l'échafaud le règne de la philosophie. Mais hélas ! pourquoi l'éternelle justice a-t-elle choisi un innocent pour venger sur lui les fautes de grands coupables ? c'est qu'elle voulait une victime pure ; c'est qu'on lit dans les livres saints ; *les crimes des pères retomberont sur leurs enfants....*

« On n'apprit pas plutôt à Chablis que le Dauphin avait succédé à son aïeul, qu'un grand mouvement de joie se répandit dans la ville. La foule se réunit devant l'auditoire, acclama Louis, roi de France et de Navarre ; et, malgré les magistrats qui n'avaient pas reçu les ordres du subdélégué, se précipita dans l'église, où mille voix entonnèrent un *Te Deum*. On dressa ensuite des tables dans les rues et l'on but à la santé de Louis XVI. M. Rathier fit un beau discours. La nuit étant venue, on illumina toutes les fenêtres, et pendant huit jours, les vignerons allumèrent des feux de joie (*). »

En 1782, lorsque parvint à Chablis cette nouvelle qu'un Dauphin venait de naître à la France, les habitants, pleins d'espérance dans l'avenir, se livrèrent

(*) Archives municipales.

à tout l'entraînement de leur enthousiasme. M. de Villeroy, procureur du roi, avança 200 livres à la commune pour tirer un feu d'artifice (*). Il est facile de le voir : l'amour de la royauté, éteint sous Louis XV, se ravivait de plus en plus dans le cœur de la nation.

Les bourgeois de Chablis avaient supplié S. M. d'accepter, en pur don, une somme de 2000 livres pour réparer les désastres de la marine royale. Reconnaissant d'un si grand sacrifice, le roi ordonna la réorganisation de la milice urbaine. Les eschevins enrôlèrent vingt-cinq soldats. Ceux-ci élurent Bachelier, capitaine de la compagnie, et Claude Mary, sergent-major.

Depuis 1780, le bureau de ville s'occupait avec ardeur de l'embellissement de la commune et de l'amélioration des services publics. Il fit réparer les ponts, la croix de la mission, la croix du Tilleul, numéroter les maisons, paver la rue Royale en grès de Fontainebleau et aplanir la route de Chablis à Bonnard où, depuis 1672, on embarquait les vins sur l'Yonne pour éviter les droits de péage sur le port d'Auxerre. Le maire publia aussi un nouveau règlement sur l'administration du collége. Les différents articles de cet arrêté fixaient à trois livres la rétribution scolaire, enjoignaient aux élèves d'assister tous

---

(*) Extrait des archives de la mairie.

les jours à la messe basse, d'apporter chaque mois un billet de confession au principal, et de se rendre aux cours de huit à dix heures, le matin, et de deux à quatre, le soir. Défense leur était faite de fréquenter les bals, les comédies, etc.

N'oublions pas de dire que le collége avait été fondé en 1721, grâce au legs généreux de M. Girault. Mgr de Langres nommait et surveillait le personnel professoral de cet utile établissement.

En 1788, la misère faisait de grands ravages à Chablis. La vigne n'avait rien produit depuis deux ans. la terre semblait donner à regret, les grains fuyaient nos marchés. L'horizon de l'avenir s'assombrissait chaque jour, et chaque jour le hideux fantôme de la famine s'y dessinait plus nettement. Les vignerons n'espéraient plus que dans l'amour du roi pour ses sujets; aussi envoyèrent-ils à Versailles une supplique où ils conjuraient Louis XVI d'accorder à la commune deux jours de marché par semaine et d'abolir les corvées et les droits de minage. Cette pétition resta sans réponse. Des intérêts d'un autre ordre appelaient alors toute l'attention du monarque. La cour préparait l'ordonnance de convocation des états généraux *qui* — disait S. M. — *devaient apporter un remède efficace aux maux de l'État, réformer les abus de tout genre, et en prévenir le retour par de bons et solides moyens capables d'assurer la félicité publique.*

La lettre de convocation des États-généraux, donnée le 24 janvier 1789, et le réglement qui l'accompagnait, rendirent aux masses la résignation et le courage. Du nord au midi de la France, on proclama Louis XVI, *le restaurateur de la liberté.* M. Necker, directeur général des finances, qui avait soulagé le peuple sans diminuer les recettes du trésor royal, et préparé la nation à l'affranchissement politique, reçut aussi les marques les plus vives de la reconnaissance publique. Mais le ministre qui avait devoilé tous les vices d'une administration oppressive et les abus de l'ancien système financier, ne devait pas compter ses détracteurs. Le Tiers-État prit donc la défense du directeur général et dénonça à l'opinion les envieux qui voulaient le perdre dans l'esprit du roi. La ville de Sens, pour jeter un défi aux ennemis de Necker, lui décerna une médaille civique, avec cette inscription : *In memoriâ æternâ erit justus, ab auditione malâ non timebit.* La commune de Chablis s'associa à ce courageux hommage. Le 15 février, l'auditoire qui servait d'hôtel-de-ville se remplissait d'une foule compacte. On remarquait dans l'assistance, MM. Auban, curé de la paroisse, Fournier, Clergé, Thérin, chanoines, le Tors, prévôt, Ravier et Gois, notaires royaux, Jean

Luyt, avocat, Buhot, receveur des aides, Hélie de Chency, Pic Molard, bourgeois, Claude Milon, marguillier et Pierre Poulain, marchand. MM. Fosseyeux, Chapotin de la Jonchère, Rathier, Bavoil et Mottot, adjoints au corps municipal, nommés en 1788, entouraient MM. Grisard, maire, et Thomassin, premier eschevin. M. Grisard prit la parole au milieu du plus profond silence. Dans un discours où perçaient les sentiments les plus libéraux, le maire de Chablis résuma la situation du pays et les bienfaits qu'il était en droit d'attendre des États; il fit ensuite un pompeux éloge de Necker, et enfin proposa habilement à l'assemblée de signer l'adresse que le Tiers du baillage de Sens envoyait à S. M., pour lui porter les remerciements et les vœux de ses sujets, la supplier de conserver à Necker toute sa confiance et de répudier tous les ennemis de ce ministre. L'éloquence de M. Grisard avait entraîné l'assemblée. Après quelques observations du curé Auban, elle vota l'adresse à l'unanimité et consigna son adhésion à l'offrande de la médaille civique, dans un procès-verbal dont le maire envoya des expéditions à Mgr le duc de Bourbon, gouverneur de la province, à Mgr le prince de Conti, engagiste de Chablis, à M. Necker, à M. Laurent de Villedeuil, ministre de la généralité de Paris, au maire de la ville et cité de Sens, et à MM. du chapitre de Saint-Martin.

Cinq mois plus tard le canon de la Bastille sonnait le glas du vieux monde, écroulé sous le feu des décrets de l'Assemblée nationale. Élus pour échafauder l'antique édifice monarchique, les États-Généraux jetaient bouillante, dans le moule parlementaire, la matière d'une nouvelle société politique. On ne demande pas à la mer furieuse pourquoi ses vagues envahissantes reculent tout-à-coup sur certains rivages la ruine et la mort, et laissent, en se retirant, la grève parsemée d'inappréciables richesses. Nous ne discuterons pas ici de quel droit les États-Généraux empiétaient sur une autorité sacrée et d'essence indivisible; en vertu de quels pouvoirs, au nom du progrès, ils se déclaraient constituants dans un état régulièrement constitué. Cette analyse nous suffit : quelques mois après la réunion des députés à Versailles, le principe séculaire de la souveraineté royale avait reçu, dans la salle du Jeu de Paume, un immortel démenti; la royauté menaçait de décliner en magistrature salariée ; les trois ordres de la nation se fondaient en un corps immense, composé d'atômes homogènes, source de toute puissance, le Peuple. La France tressaillait d'enthousiasme à toutes ces réformes, grosses déjà d'une terrible révolution.

Considérée comme drame social, la Révolution française ne manque pas de scènes comiques où la phraséologie joue le rôle le plus ridicule. L'historien ne peut garder sa gravité à l'aspect de ces guirlandes de mots, de ces cascades de locutions sonores qui s'échappent du haut de la tribune nationale. Il perd définitivement tout sang-froid si, le lendemain d'une journée, illustrée à Paris ou à Versailles, il contemple les trente-deux provinces suant à rédiger des félicitations boursoufflées que pendant six mois on apporta en procession à la barre du parlement. Mais l'écrivain reprend son decorum à cette pensée que leur engouement pédantesque n'empêchait pas les provinces de profiter du bénéfice sérieux des grands événements accomplis. Partout l'impôt s'établissait sur une assiette égale; on réorganisait les gardes bourgeoises; une justice uniforme prenait la place des tribunaux de l'arbitraire; des corps municipaux électifs chassaient les administrations vénales. A l'exemple général, la ville de Chablis paya un large tribut d'hommages et d'encens officiels et elle sut aussi se libérer de toutes les obligations féodales. Elle divisa sa garde civique en six compagnies, sous le commandement en chef de de M. de Chéron, conféra un mandat populaire à l'estimable M. Grisard, élut M. Ravier procureur de la commune, et MM. Bavoil, Mignard, Auban, Poullain et Chapotin de la Jonchères, officiers de la municipalité. Le conseil général des notables se composa de

MM. Fournier, Morillon, Guinée, Foulley, Mathieu Garinet, Cousin, Colombat, Cerveau, Boisseau, Lemonier, etc. Puis, lorsque une nouvelle France administrative sortit recréée du cerveau de Sieyès, Chablis fut érigé en chef-lieu de canton, siége de deux tribunaux de paix, le tribunal local et le tribunal *extrà muros*.

L'Assemblée nationale venait de décréter la Constitution civile du clergé et la vente des biens ecclésiastiques au profit de la nation. Ces lois, élaborées par des prêtres philosophes, donnèrent, dans certaines contrées de la France, le signal de la révolte contre la Révolution; à Chablis, elles resserrèrent les liens antiques qui unissaient la classe laborieuse à son curé et au chapitre de Saint-Martin. Les chanoines vinrent eux-mêmes, dans le sein du conseil général, faire la déclaration de leurs propriétés immobilières dont le revenu net s'élevait à près de cent mille livres. Quelques jours plus tard, en présence d'un immense concours, MM. Auban, curé de Chablis, Richard et Durnet, vicaires, Fournier jeune, Eymenier, Fosseyeux, Morillon, Clergé, chanoines de la collégiale, Lamy, prieur de Saint-Cosme, et ses religieux, prêtaient, sur l'autel de la patrie, placé au milieu du chœur de Saint-Martin, le fameux serment de l'abbé Grégoire : *Je jure d'être fidèle à la Nation, à la Loi et au*

Roi. La formule constitutionnelle fut ensuite répétée par le maire, les officiers municipaux, le conseil général et tout le peuple, la main levée vers le sanctuaire, les yeux fixés sur le drapeau des Français.

Combien cette cérémonie du 14 juillet 1790, où l'Église s'alliait à la Révolution qui l'avait spoliée, en imposait plus au peuple que toutes les saturnales des déistes de la Terreur. A son plus grand honneur, disons dès à présent que la population saine de Chablis — et elle était en grande majorité — ne prit jamais part aux fêtes démago-religieuses importées dans nos campagnes de la commune de Paris, et prescrites par Robespierre. Nos vignerons, attachés au culte de leurs pères, le défendirent jusqu'à la dernière extrémité. Le jour de Noël 1791, ils obligèrent le conseil général de s'excuser près de la sœur Aubert de Saint-Bernard, dont une patrouille avait forcé le domicile, pour empêcher l'abbé Richard de dire la messe de minuit dans la chapelle de l'hospice. Le 4 juin 1792, M. Rathier, conseiller municipal, depuis procureur du district d'Auxerre et sous-préfet de Tonnerre, faillit payer de sa vie l'ordre intimé aux citoyens de la ville haute de couper les cordes des cloches. Sept mois après, jour pour jour, le faubourg s'ameuta contre M. Rathier, qui présidait la commission de récolement des vases sacrés des églises. Toutefois, l'orthodoxie des habitants de Chablis n'excluait pas de leurs cœurs l'amour de la patrie. Les canons manquaient pour repousser l'invasion étrangère : ils envoyèrent bravement deux de leurs cloches à Auxerre pour le service de l'artillerie. Mais ils protestèrent avec hardiesse contre le pillage de l'argenterie de Saint-Martin par les conventionnels Garnier (de l'Aube) et Turreau (de l'Yonne). Le zèle religieux des prêtres assermentés de Chablis ne se refroidit pas plus que celui de la population. M. Auban, le 18 août 1793, adressait la lettre suivante au procureur de la commune :

« Citoyen, les paroissiens de la nouvelle paroisse de Saint-Martin me demandent avec instance de faire des processions pour supplier Dieu de tenir les biens de la terre en sa sainte garde. Je te préviens donc que je dois me conformer aux vœux de mes ouailles. Dès ce soir, les reliques des saints seront exposées à la vénération des fidèles; et, pendant neuf jours, les prières continueront. Comme pasteur, je t'invite à te réunir au reste du troupeau que m'ont laissé les loups de l'anarchie.

« Salut et fraternité.

Signé : Auban, curé de Chablis.

Le contenu de cette lettre courageuse pouvait être la sentence de mort du signataire. Mais les agents du tribunal révolutionnaire savaient trop bien tout l'amour que la commune portait à son curé, pour toucher un seul cheveu de sa respectable tête. Auban ne donna sa démission de desservant qu'après avoir vu abattre toutes les croix, vendre les tableaux et le mobilier des églises, raser les autels, et barbouiller sur le portail de Saint-Martin : TEMPLE DE LA RAISON, inscription que devait bientôt remplacer cette autre : LE PEUPLE FRANÇAIS RECONNAIT L'ÊTRE SUPRÊME ET L'IMMORTALITÉ DE L'AME.

La constitution de 91 fut proclamée à Chablis le 22 octobre. Le 13 novembre, une cabale, laborieusement montée, parvenait à renverser l'administration Grisard qui, depuis vingt ans, avait si bien mérité du pays. Le lendemain, 14, MM. Chapotin de la Jonchère, nouveau maire, Morillon, Picq, Wéber et Gréméret, officiers municipaux, prétèrent le serment civique au milieu des murmures de la population. La commune, jouet d'une manœuvre électorale, n'attendait qu'une occasion pour protester. Elle se présenta. M. de Chéron, en partant défendre la patrie contre l'insolent Brunswick, laissa vacante la place de procureur. Les sections en investirent à l'envi M. Grisard, royaliste de 88. La municipalité rédigea en vain une opposition : elle fut retournée avec une mercuriale de M. Foacier, secrétaire du conseil du département.

La commune triomphait d'une faction qui devait bientôt la dominer. Car, lorsqu'ils virent la royauté constitutionnelle envahie par la Révolution, lorsqu'ils apprirent avec stupeur les événements du 10 août, tous les citoyens modérés abandonnèrent l'arène électorale; de sorte que les magistrats communaux ne représentèrent plus que la minorité des habitants. A la nouvelle de la déchéance de Louis XVI, M. Grisard, qui seul conservait les sympathies publiques, ne crut pas devoir jurer fidélité au gouvernement insurrectionnel. Il se dépouilla donc de l'écharpe tricolore. Wéber la ceignit: et la première fois qu'il en fit usage ce fut pour faire des perquisitions chez les *suspects*. Parmi ces derniers je citerai MM. Simon Despaquit, moine défroqué, frère du dernier abbé de Pontigny, Mélin, prêtre réfractaire, Therriat, ex-vicaire, et le ci-devant marquis de Berru, dénoncé comme détenteur d'ornements d'église.

Le 21 janvier 1793, le conseil général de la commune se déclara en permanence. Il se composait exclusivement d'hommes du moment, exaltés par les passions démagogiques. Le 24, au matin, après l'ouverture de la séance publique, le C. Poullain, maire, lut, au milieu du plus profond silence, une lettre ainsi conçue :

« Selon Montesquieu, *c'est toujours un inconvénient pour le peuple de juger lui-même ses offenses.*

Le peuple ne pouvait donc pas décider du sort de Louis Capet. Ce droit appartenait à la Convention. Cette assemblée, après avoir déclaré l'ex-roi *coupable de haute trahison contre la nation et d'attentat contre la sûreté générale de l'État,* n'a fait que son devoir en le condamnant à mort.

« A l'exception de Chastelain, les neuf représentants de l'Yonne ont voté la peine capitale. L'exposé des motifs de Jacques Boileau a été sublime de républicanisme et de force de conscience. Les potentats pâliront sous la pourpre, lorsqu'ils entendront, épouvantés, ces paroles de notre héroïque représentant : *Il faut bien que ces têtes de rois ne soient pas si sacrées puisque la hache en approche, et que le glaive vengeur de la justice sait les frapper.* Le premier des neuf, Maure s'est prononcé. Ont condamné ensuite : Lepelletier, Boileau, Turreau, Bourbotte, Précy, Hérard et Finot. L'indigne Chastelain ne s'est pas senti la force de venger la nation comme une nation doit se venger d'un tyran.

« C'est le 17 janvier que Vergniaud a proclamé la sentence de Louis Capet. Le 18 au soir, Lepelletier expirait, lâchement assassiné par un royaliste. Le destin voulait un accusateur à Louis devant Dieu, il a choisi Lepelletier.

« Aujourd'hui, 21 janvier, à 10 heures 1/4, la tête

du despote est tombée plutôt sous le poids de ses forfaits que sous le glaive des lois et de la justice. L'exécution a eu lieu sur la place de la Révolution, entre le piédestal et les Champs-Élysées. Accompagné d'un nommé Fermont, Capet monta les degrés de l'échafaud les mains liées. Puis, le cou nu, vêtu d'un gilet blanc, d'une culotte de petit-gris, de bas déchirés, il s'avança vers la barre gauche et prononça quelques mots que je n'ai pu recueillir. Le bourreau s'empara ensuite du condamné, la guillotine brilla, un bruit sourd passa sur la foule, et tout fut dit, tout fut fait. La royauté avait vécu. »

La lecture achevée, un grand cri de *Vive la République !* ébranla la salle du conseil. Le reste de la journée, les rues de Chablis furent désertes.

Le 19 avril 1794, le représentant Maure, ci-devant épicier à Auxerre, arriva dans notre ville. Comme on le pense, il fut reçu avec toute la pompe due à un ami de feu Marat et à un courtisan de Robespierre. Dans le sein du comité de salut public comme à l'assemblée populaire, on le pria d'agréer les honneurs de la séance. Le soir, il banqueta copieusement avec les purs du conseil général, tandis que la majorité des vignerons mangeait du pain d'orge. Heureuse circonstance qui témoigne des bienfaits d'un gouvernement égalitaire et philanthropique.

CHAPITRE VI.

Le lendemain, Maure, en costume irréprochable de conventionnel en tournée, traversait, à cheval, la place publique. Idole officielle mais redoutée des magistrats municipaux et du peuple, il affectait en selle la pose héroïque d'un girondin marchant au supplice, lorsqu'un quidam gros et court lui présenta un papier ouvert. Sans tendre la main, Maure jeta les yeux sur l'écriture et pressa le pas. Mais un jeune garçon se cramponne à la bride du cheval. L'animal s'arrête et se câbre. L'homme au papier poursuit de ses invectives le député, qui fend au galop la foule déjà émue. Une pierre vole. Maure se retourne : « Citoyens, s'écrie-t-il fièrement, songez-vous que je suis représentant et montagnard? » Des huées s'élèvent. Maure : « La Convention saura venger l'affront d'un de ses membres. » Une voix : « Mort à Maure. » Les quolibets se croisent avec les outrages. Maure : Chablis, adieu pour toujours, tu te souviendras de moi ! » Il dit, et s'élance à toute bride sur le chemin de Tonnerre.

C'est alors qu'une terrible appréhension se glissa dans la multitude. La Montagne ne plaisantait pas avec une insulte. Les plus grands malheurs menaçaient la ville parce que deux fondeurs de suif, Mignard père et fils, voulaient peut-être réclamer une ancienne facture à un ex-marchand de chandelles. Le conseil général entra aussitôt en délibération et, à huis clos, il arrêta de sacrifier les Mignard à la sûreté générale. Ensuite, il délégua les CC. Poullain et Martin, pour porter à Tonnerre une adresse ainsi rédigée :

« L'indignation la plus profonde a saisi nos cœurs en apprenant l'injure qui t'a été faite. Ce sentiment a été commun à tous les bons citoyens. Ce n'était qu'un cri, après ton départ, pour déplorer ce qui était arrivé. Maure, reviens parmi nous ! Le conseil général t'en conjure. Reviens, et l'allégresse remplacera l'inquiétude causée par tes dernières paroles. Tes conseils, tu le sais, nous sont infiniment salutaires. L'attentat de Mignard ne sera pas impuni. Le salut public l'exige, la loi l'ordonne. Les faits d'ailleurs, sont déjà dénoncés à l'accusateur criminel. »

Une telle soumission offrait à Maure un moyen facile de déposer sa colère sans marchander avec son honneur. Il en sut habilement profiter, et répondit :

« LA LIBERTÉ OU LA MORT.

A Tonnerre, le 4 floréal, an II de la République.

« Le représentant du peuple en mission dans les départements de Seine-et-Marne et d'Yonne, aux citoyens *composants* le conseil général de la commune de Chablis, Salut et Fraternité.

Il ne sera donné aucune *suite*, citoyens, aux *pour*-

suites dirigées contre les citoyens Mignard, père et fils. Leur procédé n'a point eu pour objet d'insulter la représentation nationale, mais une ancienne connaissance. Trop de *familiareté*, dégénérée en insolences par un excès de vin, *sont seuls* la cause de leur conduite, et le représentant ne sait pas *vanger* ses injures mais bien celles qui auraient pour but l'*avillissement* de la Convention, et le mépris du Peuple.

« Signé MAURE aîné (*).

Cette missive, écrite hardiment, soigneusement paraphée, mais peu grammaticale, fut le premier acte de pardon du jacobinisme dans notre département.

On sait que la Constitution de l'an III abolit le titre de maire et les conseils municipaux. De communale, l'administration des bourgs et villages devint cantonale. Trois fois par mois, les agents électifs des communes du canton se réunissaient au chef-lieu pour la gestion des affaires, et le bureau était présidé par

---

(*) Peu de temps après les évènements du 9 thermidor, le conventionnel Maure rentra dans la vie privée. Si, par la suite et contrairement aux allégations de certains écrivains modernes, il se reprocha la mort du roi supplicié, la ligne de conduite qu'il ne cessa de suivre jusqu'à la tombe fait un devoir à l'historien de réhabiliter, aux yeux du département, un homme qu'un jour d'aveuglement avait à jamais perdu. Du reste, on nous a souvent affirmé qu'il donna à sa famille une bonne et sage éducation, et qu'il la fit élever dans la pratique de la religion qu'il avait persécutée.

un commissaire du pouvoir central. Le premier commissaire exécutif de *l'arrondissement* de Chablis fut le savant Simon Despaquit.

Après la défaite du parti royaliste au 18 fructidor, le Gouvernement rentra dans la voie révolutionnaire. La République, crucifiée le 31 mai, descendue du Calvaire au 9 thermidor, ensevelie le 13 vendémiaire, vint à ressusciter au troisième coup d'état. Mais le peuple se lassait de la souveraineté : il se souvenait que si le *Contrat Social* reconnaît l'omnipotence des masses en politique, il dit aussi quelque part : » *S'il y avait un peuple de dieux, il se gouvernerait démocratiquement ; un gouvernement si parfait ne convient pas à des hommes.* » Cette vérité, qu'ils avaient si tristement expérimentée, décourageait les plus fermes républicains, lorsqu'il se trouva un homme assez fort pour remonter la France, sur la pente de l'abîme où l'entraînait la Révolution. Napoléon Bonaparte, ainsi s'appelait cet homme. Consul et Empereur, il reçut tous ses pouvoirs du peuple reconnaissant : héros-législateur, colosse de gloire et de génie, c'est avec la nation française pour base qu'il commanda pendant quatorze ans aux destinées du monde.

Avant cette immortelle période de triomphes et de renaissance sociale, Chablis vit se succéder plusieurs administrations municipales qui présidèrent tour-à-tour les CC. Ancelot, Le Tors et Crochot.

M. de Chéron fut nommé maire en l'an VIII, M. Rampont en 1807. Depuis le 19 brumaire jusqu'en 1815, le bonapartisme des habitants ne se démentit jamais. En l'an IX, le maire terminait ainsi un rapport adressé à M. Rougier de Labergerie, premier préfet de l'Yonne : Je renonce à vous peindre les transports d'allégresse avec lesquels mes administrés ont accueilli la paix. Les cris les plus exaltés de *Vive la République! vive Buonaparte! vive le Génie tutélaire de la France!* ont couvert la lecture des Bulletins et du Moniteur. Le soir, maintes et maintes bouteilles ont été vidées à la santé de la République, du premier Consul, et la vôtre, Citoyen Préfet, n'a pas été oubliée ». Le jour de Saint-Pierre 1814, à peine si quelques personnes assistaient au *Te Deum*, chanté en réjouissance de la paix conclue entre S. M. T. C. et les puissances alliées. L'église était aussi déserte lors du service funèbre célébré pour le repos des âmes de LL. MM. les rois Louis XVI et Louis XVII, la reine Marie-Antoinette, et de LL. AA. RR. Madame Elisabeth de France et Monseigneur le duc d'Enghien.

Ah ! c'est qu'alors le peuple accusait les Bourbons des humiliations de la patrie, renversée sous les baïonnettes étrangères et la sole des chevaux cosaques ; c'est qu'il regrettait ces aigles impériales qui avaient plané si longtemps et si haut dans le ciel de la gloire avant que la trahison n'enchaînât leur vol sur un rocher de la Méditerranée !

Le 17 mars 1815, un grand nombre d'habitants de Chablis, ayant à leur tête M. Rampont, nommé maire par acclamation, se pressaient dans les rues d'Auxerre. Napoléon allait passer...

Plusieurs de nos compatriotes, vétérans des grandes guerres de l'Empire, s'élancèrent une fois encore sur les pas du conquérant. D'anciens prisonniers mayençais, établis dans notre ville, furent entraînés par l'élan général ; vingt-cinq jeunes conscrits les suivirent. La moitié d'entre eux n'ont jamais revu le clocher natal. Mais l'amour de la patrie vint sécher les larmes de leurs familles habituées à l'impôt du sang.

Quelques mois après ces événements, uniques dans l'histoire du monde, la fortune des armes avait son Prométhée....

A cette époque, M. de Chéron, chevalier de Saint-Louis, revenu de Gand où il avait suivi le second exil de la vieille monarchie, reprit les rênes de la municipalité de Chablis et les conserva jusqu'en 1830.

Après les journées de juillet, M. Rampont ceignit

pour la troisième fois l'écharpe tricolore. Ce véritable homme de bien, chef vénéré d'une famille où cette qualité est héréditaire, mourut à son poste de maire, emportant dans la tombe l'estime et les regrets de tous ses concitoyens.

M. Beau recueillit l'héritage honorifique de M. Rampont.

Puis vint l'administration Poullain qui, sans doute, ne fut pas exempte de reproches, mais que l'on calomnia trop souvent.

M. Th. Rathier s'est démis trop tôt des fonctions municipales qu'il remplissait avec tant de zèle et de capacité.

Lors de la chute de la dynastie d'Orléans, M. Garinet gérait les affaires de la commune. Ce fonctionnaire éclairé succéda, au siége de la justice de paix occupé aujourd'hui par M. Seurat, à M. A. de Gislain, l'une des plus regrettables victimes du choléra de 1849 et dont l'intègre mémoire vivra longtemps dans le canton de Chablis.

Élu maire après la mort de M. Bourrée, M. Alexandre de Chéron, officier de gendarmerie en retraite, ancien commandant de la garde nationale, officier de la Légion-d'Honneur, administre aujourd'hui la ville de Chablis. Issu, en double ligne, d'aïeux qui se sont distingués dans les premières charges du pays, M. de

Chéron représente, dans notre chère cité, le passé par sa naissance, et l'avenir par ses vues larges et libérales.

Les intérêts spirituels de la paroisse sont actuellement confiés à M. le doyen Thomas. Nous faisons des vœux pour que Dieu conserve longtemps à la confiance et à la considération publiques, ce digne curé qui cache à l'ombre de Saint-Martin, de si profondes connaissances et de si éminentes vertus.

Le moment est venu de verser un large tribut de regrets sur une tombe que nous avons vu sceller. Le canton de Chablis vient de perdre un de ces hommes qui ne se remplacent pas. L'excellente population de nos campagnes n'a plus de père, de protecteur-né : M. de Varange est mort le 24 avril dernier. Ce douloureux événement a produit une impression profonde dans le cœur des honnêtes gens de toute condition, il a fait un grand vide dans cette contrée où le noble défunt sema tant de bienfaits. Membre de la Légion-d'Honneur, représentant de Chablis dans le sein du conseil général de l'Yonne, M. le baron de Varange ne devait qu'à lui-même la légitime popularité dont il a joui pendant sa vie. Puisse l'hommage spontané que nous rendons à sa mémoire vénérée, monter jusqu'à son illustre famille comme un parfum de consolation!

La ville de Chablis serait en droit de m'accuser

d'oublier une de ses gloires, si, en terminant cet ouvrage, je manquais à rappeler, qu'en 1848, elle fut la première qui acclama le grand nom de l'héritier de l'Empereur. La vieille cité du *'schabl* qui déjà avait envoyé deux de ses fils à l'Assemblée nationale : MM. Rathier et Rampont-Lechin; en adopta un troisième dans le prince LOUIS-NAPOLÉON BONAPARTE. L'esprit de Dieu inspirait nos électeurs le jour où, par un vote unanime, ils ouvrirent les portes de la patrie à l'impérial exilé. La France entière a applaudi : et, le 10 décembre suivant, elle élevait à la Présidence de la République, l'élu du département de l'Yonne. Par 1993 voix, la commune de Chablis avait contribué à cette mémorable élection ; trois ans plus tard elle couronnait son œuvre, en ratifiant, par 2159 suffrages, la grande victoire du 2 décembre, d'où dateront désormais les destinées nationales.

FIN DE L'HISTOIRE DE CHABLIS.

TABLE.

Préface dédicatoire. — A la commune de Chablis. PAGE 1

CHAPITRE 1er.

Comment on doit considérer la tradition. — Traditions populaires à Chablis. — Opinion de l'Auteur sur ces souvenirs. — La légende du 'Schabl et les armoiries de la commune. — Racine du nom de Chablis. — Etymologie donnée par M. Quantin. — Discussion. — Impossibilité d'attribuer une origine celtique ou gallo-romaine à la ville de Chablis. — La plaine qu'elle occupe maintenant faisait partie du pagus Tornodorensis. — Le territoire de ce pagus doit être compris dans les limites du premier royaume de Bourgogne. Preuves de M. Roget de Belloguet. — Diverses dominations qui se succédèrent dans le Tonnerrois. Sa réunion définitive à la seconde monarchie franke. — Dissolution de l'empire de Charlemagne. — Causes de la lutte des fils de Louis-le-Pieux. — Récit du combat de Fontenay par l'historien Nithard. — Où se livra cette bataille? Opinion de l'abbé Lebœuf. Opinion de l'auteur. Discussion. — Visite à l'église de Fontenay. — Vœu. — Conséquences politiques de la victoire de Charles-le-Chauve et de Louis-le-Germanique. PAGE 17

CHAPITRE II.

Commencements de Chablis. Ses premiers habitants. Argumentation. — Karl-le-Chauve inféode Chablis à Saint-Martin de Tours. Acte de cette investiture. — Ravages des North's mens. — Siége de Tours. — Translation des cendres de Saint-Martin. Description du tombeau de ce saint. Son transfèrement à Chablis. Episode. — Administration cléricale de Chablis. Le chapitre et le prévôt. Chartes des rois Karolingiens. — Coup d'œil sur la société au moyen-âge. Envahissements de l'aristocratie. Avilissement du peuple. — La féodalité ecclésiastique. Sort de ses vassaux de Chablis. — Origine des advoueries. — Les successeurs de Charlemagne advoués de Saint-Martin. — Chute de la seconde dynastie. — Advouerie des comtes de Champagne. Priviléges de ces seigneurs à Chablis. — Bases de la propriété féodale. Droits seigneuriaux de la collégiale de Saint-Martin de Chablis et de son prévôt. — La lépre et les lépreux. — La Maladière. Dévouements sublimes. — Fondation des églises Saint-Martin, Saint-Pierre et Saint-Cosme. — Pélerinage archéologique. Descriptions et réflexions. — Sainte-Marie-de-Charlemagne. Souvenirs de 93.—Coutume de sonner la cloche en temps d'orage.   PAGE 67

CHAPITRE III.

Intérêt qu'inspirent les révolutions communales. — Leur but. — Caractère de la révolution communale à Chablis. — Réaction du Prévôt. — Système de défense du chapitre. — Ansérik de Mont-Réal. Ses exactions. — Priviléges des grands advoués. — Sous-advouerie du comte de Nevers, seigneur de Noyers. Sa conduite avec le Chapitre et les hommes de Saint-Martin. — Expédition de Henri II de Champagne en Palestine. Don volontaire des habitants de Chablis. — Brigandages du sire de Noyers. Il traite avec la collégiale. Réglement de 1204. Protestation du peuple. — Tournois à Chablis. — Progrès de l'esprit public. — Symptômes de rébellion ; *subditi estote*. — Prévôtés de Guillaume Odart et de Guillaume de la Chapelle. — Nouveaux réglements. — Révolte des femmes. — Répression du prévôt. La Commune. — Philippe-Auguste la détruit. — Réclamation de Garnier Berner. — Arbitrage de 1219. — Concession du Pâtis. — Rachat de la main-morte. — Sacrifices des habitants de Chablis pour la liberté. — Fondation de l'hospice. — L'école des filles.— Contrastes.— Souvenirs de 48.   PAGE 132

CHAPITRE IV.

Derniers comtes de Champagne. — Les Capétiens advoués directs de Saint-Martin. — Prévôté de Pandolphe de Sabelli. — Charles II de Navarre et les habitants de Chablis. — Prospérité de la ville. — Les écoles de Saint-Edmond. — Terrier de 1328. — Première période de la guerre de cent ans. — Le grand Miles. — Le traité d'Avignon. — Seconde période de la guerre de cent ans. — Bataille de Brion-sur-Ource. — Rachat de Miles VIII. — Extinction de la maison de

Noyers. — Adjudication de 1367. — Le droit de jauge. — Fortification de Chablis. — Guerres civiles. — Les Armagnacs et les Bourguignons. — Chablis aux Bourguignons. — Passage de Jean-sans-peur et d'Isabeau de Bavière. — Chablis aux Anglais. — Prévôté de Jean Vivien. — Troisième période de la guerre de cent ans. — Garnison royaliste de Chablis. — Ses exploits. — Lutte de la féodalité et de Louis XI. — Commencement de la monarchie absolue. — Imprimerie de Pierre Lerouge. — Chablis à la fin du XVe siècle. — Terrier de 1537. — Projet de canalisation du Serain. — Rédaction de la coutume de Sens. — Les habitants de Chablis sont soumis au droit de vente. — Au lecteur. PAGE 180

CHAPITRE V.

Triomphe de la monarchie sur la féodalité. — François Ier. — Origine de la réforme. — Luther et Calvin. — Le protestantisme nobiliaire. Ses progrès en France. — Orthodoxie des habitants de Chablis. — Fanatisme religieux. — Guerre civile de 1567. — Auxerre livré aux Huguenots. Son clergé à Saint-Martin. — Les moines de Pontigny au faubourg Saint-Pierre. — On met Chablis en état de défense. — Siége de la place. — Incendie et destruction du faubourg. — Prise et sac de la ville basse. — Scènes déchirantes. — Rachat de la cité. — Les Huguenots à Courgis. — Parole de Boulainvilliers. — La Sainte-Épine de Courgis. — Détails sur le fief. — L'ancien faubourg Saint-Pierre. — Politique des protestants. — La Saint-Barthélemy. — Reconstruction du faubourg Saint-Pierre. — Prévôté de Louis de Vaillant. — Les habitants de Chablis se déclarent pour la Ligue. — Ils reconnaissent pour roi Charles de Bourbon. — Attachement du chapitre au parti Guisard. — Les ligueurs d'Auxerre se retirent à Chablis. — Mécontentement des vignerons. — La commune se soumet à Henri IV. PAGE 224

CHAPITRE VI.

L'histoire communale au point de vue moderne. — Les corps officiels de Chablis au XVIIe siècle. — Contestations des deux prévôts. — Droit de chasse et de pêche possédé par les habitants — Administration civile de la commune sous Louis XIII. — La milice bourgeoise. — Le prince de Condé engagiste du fief, 1644. — Legs de Claude Girault. — La messe *couppetée*. — Ordonnance de 1691. Abolition du système électif appliqué à l'élection des eschevins et des officiers de la milice. Création d'un maire royal à Chablis. Luttes des autorités locales. — Saint-Martin de Chablis et Pontigny. — Le chevalier de Chessimont, seigneur engagiste du fief. — Procès entre l'engagiste et Saint-Martin. — Rétablissement momentané des municipalités électives. — Le bureau de ville. — Chablis à l'avénement de la Révolution. — Adresse de la commune au ministre Necker. — Organisation du conseil municipal, du conseil général et de la garde nationale.—Fête du 14 juillet 1790.— 91, 92 et 93.—Lettre de Boileau au conseil général sur la mort de Louis XVI. — Un épisode de la Terreur.—Le représentant Maure.—La commune sous le Directoire, le Consulat, l'Empire et la Restauration. — Maires de Chablis depuis 1830.—Hier et aujourd'hui. PAGE 254

FIN DE LA TABLE.

ERRATA.

Page 34, ligne 3, *au lieu de* Lingnons, *lisez :* Lingons.
— 34, — 14, *au lieu de* Ganle, *lisez :* Gaule.
Pages 41, 42, 43, 45, lignes 1, 21, 62. 13, *au lieu de* Francks,
  lisez : Franks.
Page 67, ligne 10, *au lieu de* puls, *lisez :* plus.
— 68, — 4, *au lieu de* demanda, *lisez :* demandât.
— 89, — 16, *au lieu de* un ville, *lisez :* une ville.
— 93, — 12, *au lieu de* lever l'aurore, *lisez :* lever de l'aurore.
— 142, — 1, *au lieu de* manière, *lisez :* misère.
— 145, — 14, *au lieu de* les uns les autres, *lisez :* les uns aux
  autres.
— 172, — 19, *au lieu de* reconnaissons, *lisez :* reconnoissons.
— 198, — 6, *au lieu de* viguier, *lisez :* vinier.
— 211, — 19, *au lieu de* bienveillanc, *lisez :* bienveillance.

www.ingramcontent.com/pod-product-compliance
Lightning Source LLC
Chambersburg PA
CBHW071342150426
43191CB00007B/822